youのたっくす、meになるカイケイ？

身になる会計

太陽グラントソントン税理士法人
公認会計士
荻窪 輝明［著］

税務研究会出版局

税金や会計の世界に触れたいと思うすべてのみなさまに

1人1人の人生が豊かになるために教養としても大切な税金や会計の世界。その行く手を阻む専門用語やむずかしすぎる説明のオンパレード。若者から大人まで、もっと気楽に税金や会計の世界に飛び込んでいただけるチャンスがあったら…。そんな想いをのせて、「そういえば、そンなことってあるよね！」という50の話題から、税金や会計の世界に触れていただくのがこの本です。

わたしたちにとって税金や会計は意外にも身近で、心構えが必要なほどにはむずかしいことではないのかもしれない。この本が、1人でも多くのみなさまにそう感じていただけるようなきっかけになるのであれば、これほど嬉しいことはありません。

この本に登場する家族や友人たちがくらしの中でさまざまな出来事に遭遇するたびに浮かんでくる税金や会計のいろいろなギモン。そのギモンに答えて解決の手助けをする先生と一緒に考えるうちに、あなたの目の前にもきっと税金や会計の世界が広がるはずです。さあ、一緒にあたらしい世界の扉を開けますよ！

第1章 虹橋家の1年間 〜税金と家計のマメ知識〜

第2章 虹橋家のギモン ~お金のしくみがわかる~

第3章 教えて先生！ ～経済のニュースがおもしろくなる～

荻窪先生
虹橋一家の疑問に
何でも答えます

虹橋家
赤彦
橙子
藍
青央

緑太郎
黄代
パープル

赤彦の同僚
笹塚さん

赤彦の友人
烏山さん

橙子の同僚
河原さん

藍の友人
高幡さん

青央の友人
北野くん

みんな、こんにちワン、わん内役のパープルだよ！　一緒に楽しく学んでいきましょう。

この本のタイトルの中にある〝たっくす〟という言葉、〝託す〟のほかに、税金を英語にした〝Ｔａｘ〟にも掛かっているよ！　これは、すぐわかっちゃったかな。

ここから先は、虹橋家のみんなが、たくさんの税金や会計のギモンに次々と出会うんだ。どんな出来事が待ち受けているんだろうね。パープルはね、ドキドキとワクワクが半分ずつくらいだよ。みんなも一緒に考えてみようね！

第1章

虹橋家の1年間

～税金と家計のマメ知識～

calendar 4月

給料から税金が引かれているのはなぜ?

「ただいまぁ。」

「あら、お帰りなさい。早かったわね。ちょうどよかったわ、一緒に見て。」

「お父さんの給与明細よね、それ。」

「あなたもアルバイトしているから、給与明細を受け取っているわよね。見方がわかるんじゃないかな、と思ってね。ココの箇所なんだけど…。」

「明細って、いろいろと金額が引かれているよね。何が引かれているんだろう?」

「うん、所得税に、年金保険料に、ほかにもあるわねぇ。ところで、なぜ引かれているのかしら。」

「言われてみれば、なぜか?ってわからないね。」

会社に勤めている人の給料は、全額をそのままもらっているわけではありません。給料の額を元に計算する税金や社会保険料を差し引いた、残りの額をもらっています。給料の支払いの際にあらかじめ差し引くことを〝天引き〟といい、税金や社会保険料は給与天引きされているといいます。なお、天引きされる前の給料金額のことを〝額面〟といい、天引きされた後の実際にもらえる給料のことを〝手取り〟ということもあります。

社会保険というのは、私たちの老後を支えてくれている年金制度や、病院での医療費を賄ってくれている健康保険制度といった公的制度を指します。

税金はたくさんの種類がありますが、給料から引かれる税金の場合は、国に支払う所得税と、住んでいる地域に支払う住民税を指します。

では、税金や社会保険料はどのように支払うのでしょうか。会社が勤める人全員の給料の中から税金や社会保険料を差し引いて（徴収して）、全員分の税金、社会保険料を会社が預っておきます。そして、預ったお金を、まとめて、税金なら税務署に、年金保険料なら年金事務所に、勤める人の代わりに会社が支払います。この一連の仕組みのうち、特に所得税の場合について〝源泉徴収〟と呼ばれています。

1人1人が税金や社会保険料を支払ってもよいのですが、それよりも会社が全員分を預かって、代理として支払う方が、らくちんです。1人1人はいちいち支払いに行かなくて済みますし、税務署や年金事務所からすれば税金を会社単位で払ってくれるから1人1人の手続きの時間が要らず、会社ごとに1回で済むからです。こうした理由もあって、給料から税金や社会保険料が引かれる仕組みになっています。

ただし、会社は全員分を計算して、支払先ごとに分けて支払うための手続きを行うので、ちょっと大変そうですね。勤めている人からみれば、自分が税金を払っている感覚が薄れる面が捨てきれません。らくちんな反面、課題も多いといわれています。

会社に勤めている人は、毎月の給料から支

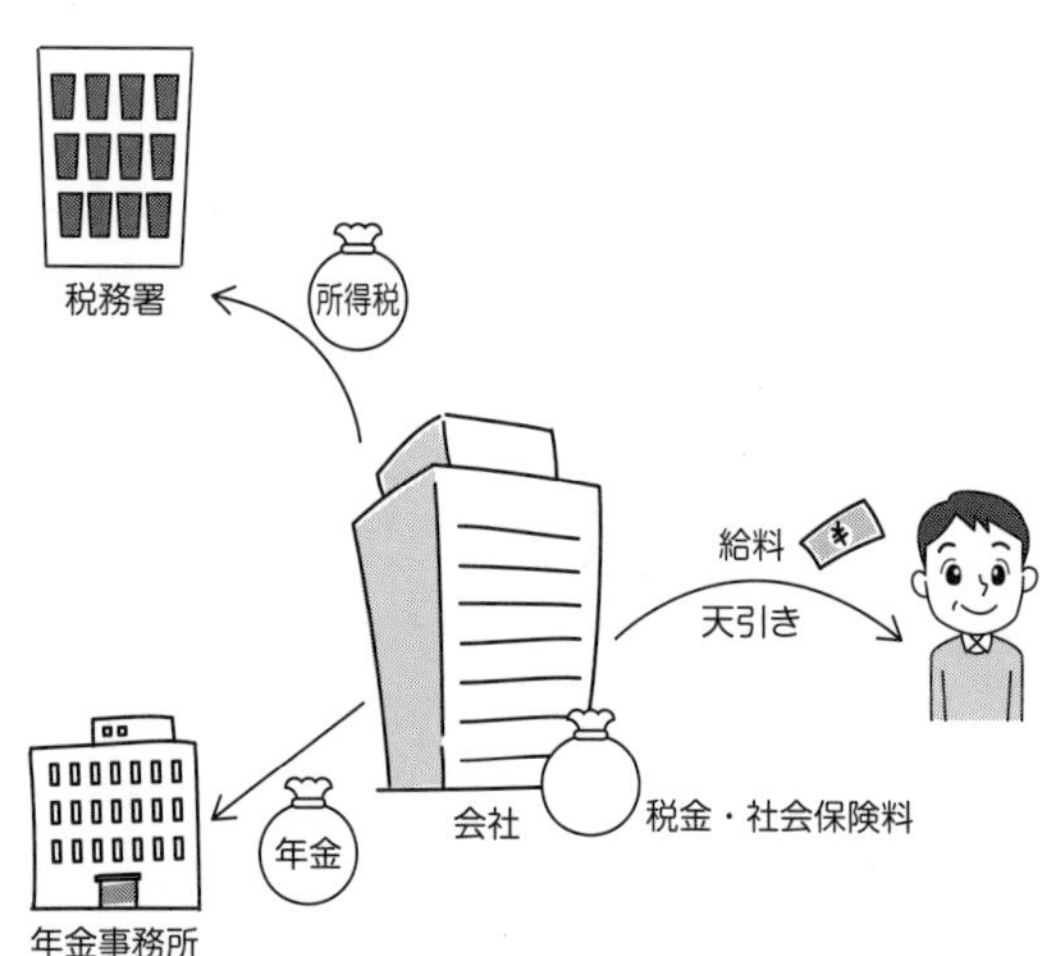

払う必要のある税金や社会保険料を自分では直接支払いに行きませんが、会社が代わりに支払うことで、結果として、自身が税金や社会保険料をきちんと支払っていることになるのです。自分は払っている、だから税金の使い道が正しいかをチェックする、いつも目を光らせておく、その意識を持って生活することも大切ですね。

calendar 4月

2 健康保険や年金は税金と何が違うんだろう

「(何か書類をじっと見つめて)……ふーーん…」

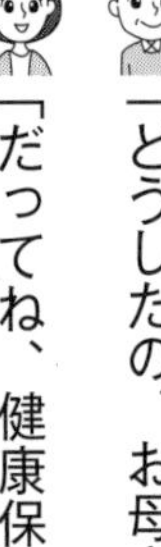
「どうしたの、お母さん。」

「だってね、健康保険でしょ、年金でしょ、それで税金でしょ。会社のお給料から天引きされている金額、毎月毎月、結構な額になるのよ。」

「なんだ、また、明細見てたのか。僕なんかは結局引かれていることにかわりはないから、総額でいくら引かれてるなぁ、くらいにしか思ってないよ。」

「もう、しっかりしてよ。ちゃんと、それぞれに意味があるんだから!」

「たしかに、お母さんの言う通りだね。ちゃんと、引かれているものの中身を考えてみようかな。」

会社に勤めている人の給料を例にすると、毎月の給料明細の内訳を特に気にすることなく、振り込まれた金額に意識がいくことが多いかもしれません。それだけ、健康保険、年金、税金のいずれも身近なものでありながら、支払っていること、それぞれの違いの意味には関心をあまり払ってこなかったということなのかもしれません。

健康保険は、私たちが病気になって、病院にかかるときに、カード型の健康保険被保険者証を提示すれば、医療費の全額を支払うことなく、たとえば3割負担で治療を受けられるような制度のことです。この健康保険被保険者証は、病院などでは、健康保険証や、単に保険証と呼ばれています。

会社に勤めている人の健康保険制度は通称、〝社保〟と呼ばれています。自営業者などの個人事業主は通称、〝国保〟と呼ばれる国民健康保険があります。この2つの制度には多少の違いがありながらも、社保には患者の負担額は無くて国保だと全額負担になってしまう、というような極端な制度の開きはなく、根本的な制度の利用の仕組みは似ています。健康保険料をみんなで負担する代わりに、その制度を利用する必要がある人はたくさん集まったお金の中から部分的に補助を受けられることによって、健康的な社会生活の維持を社会全体で支えています。

続いて生活資金の支えとなる年金です。ここでいう年金は、保険会社経由で加入する民間の年金ではなく、公的年金のことをいいます。公的年金は、老齢、遺族、障害の3本柱となっています。自営業者を含め幅広い加入者がいる国民年金制度と、会社に勤めている人が加入している厚生年金制度などの、複数の制度で構成されています。年金の種類のなかでも、老齢という種類の年金が代表格となっていて、高齢者が毎月受け取る年金の多くは老齢年金です。現在、給付を受けている人のもとになるお金の原資は、主に現役世代が支払っているお金によって支えられています。今後、高齢者人口が増える一方で、若者世代の減少による先細りがほぼ確実な中、制度自体の持久力に危機感が強まってきています。

そして、税金です。給料から引かれる税金は所得税と住民税の2本柱で、所得税は国の、住民税は市町村や都道府県といった地方自治体の収入となります。集まった多額の税金を財源として、国・地方自治体は今と将来の国づくり、地域づくりのためにお金を使うという流れができています。支払っている税金は、行政サービスを受けるための使用料をみんなで負担しているようなイメージで、国民や市民が支払う会費に例えられることもあります。

ほかにも、会社に勤めている人が職を失ったときや育児休養中に給付を受ける場合に利用される雇用保険料、公的介護サービスの提供を受けるためにみんなで利用料の負担を分担する介護保険料など、実に様々な保険料、年金、税金が支払われています。健康保険料や厚生年金保険料などでは、労使折半といって、、会社側も勤めている人のために原則として半分のお金を負担しています。会社に勤めている人の場合は、知らず知らずのうちに、給料のほかに、会社が社会保険料の一部を負担するという恩恵も受けているわけです。

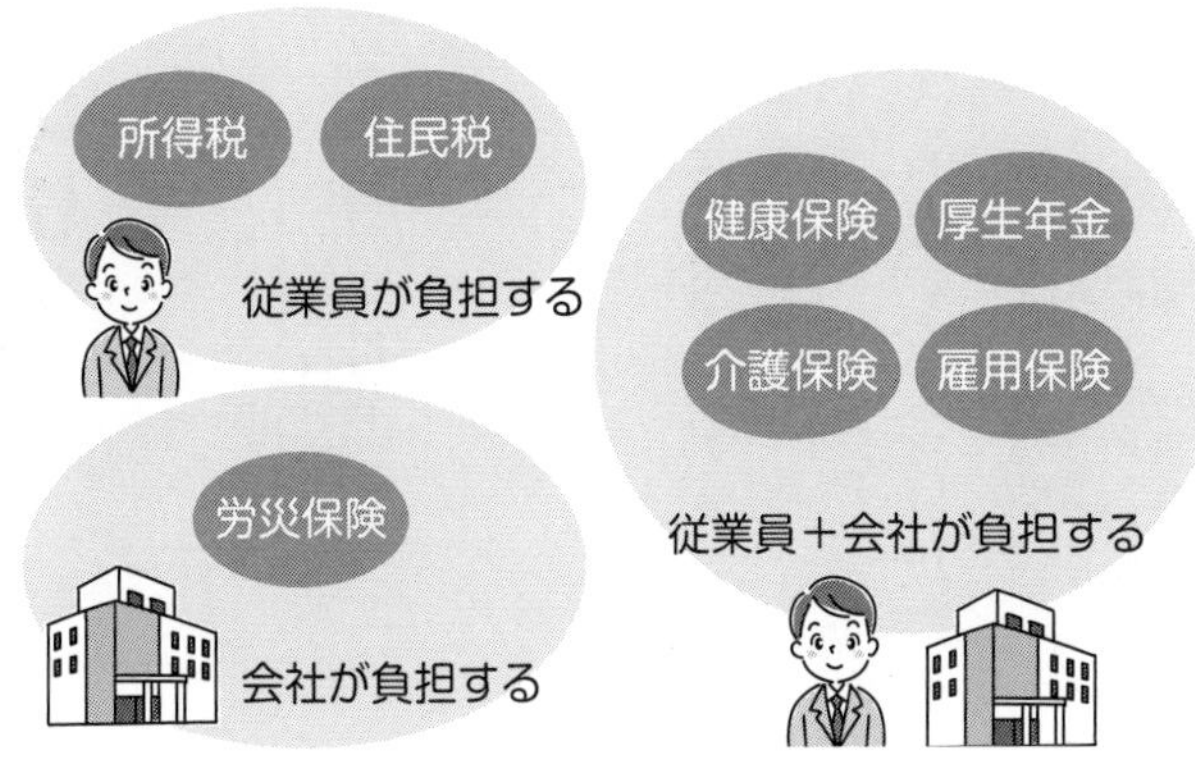

③ 新社会人は住民税を払わなくていいの？

「お母さん。笹塚さんの上のお子さんが就職したらしいよ。帰り道に偶然会ってね、今年の4月からだって。早いもんだねぇ。」

「笹塚さんのお子さんも新社会人かあ。子供の成長ってあっという間ね。」

「笹塚さんのお子さんは、住民税の支払がまだ無いのはなんでだろうって言っていたよ。」

「たしかに、1年目って給料が少ないから、住民税がないのはすごくありがたかったのを思い出したわ。」

「その代わり、2年目に住民税を引かれてから手取りが減って、がっかりしたな…。」

会社に勤めている人は、給料から所得税や住民税といった税金が引かれた残りを受け取りますね。ですが、大学や専門学校などを卒業して就職したばかりの新社会人の場合には、住民税については、就職1年目は引かれないことになっています。

1年目の住民税がそもそも必要ないのか、引き忘れなのか、2年目になってから1年目の分も合わせて払うのか…。言われてみれば、謎、ですよね。

実は、住民税の計算の仕組みにその謎を解くカギがあり、所得税との計算スケジュールの違いが関係しています。

所得税は、その年の1月から12月までの1年間が対象となる税金で、会社に勤めている人の場合、給料をもとにして計算します。新社会人の場合は、入社した月から12月までの給料で所得税を計算します。4月に入社した場合、図❶のように入社1年目の4月分から、給与天引きで毎月税金が差し引かれますから、12月までの所得税は入社1年目の段階で、すでに支払済みです。

これとは対照的に住民税では、たとえば、会社に勤めている人の場合、1月から12月までの給料をもとに計算する住民税の支払いを、次の年の6月から開始し、さらにその翌年の5月までの12か月間で支払う仕組みとなっています。いわば、後払いをしているイメージです。

新社会人で4月に入社した場合、図❷のように入社1年目の4月から12月までの給料をもとに計算した住民税を入社2年目の6月から入社3年目の5月までの12か月間で分割して、給与天引きで支払うことになります。ですから、所得税とは異なり、およそ1年遅れてから支払が開始することになるのです。

入社1年目の新社会人の場合、前の年はまだ入社していないため給料がありません。このため、入社1年目に支払うための住民税を計算することができませんので、新社会人1年目の住民税は支払わなくていいという結論になるわけです。

税金と一言にいうけれど、税金の種類によって計算するタイミングや、支払うタイミングが違うことがよくわかります。

図❶

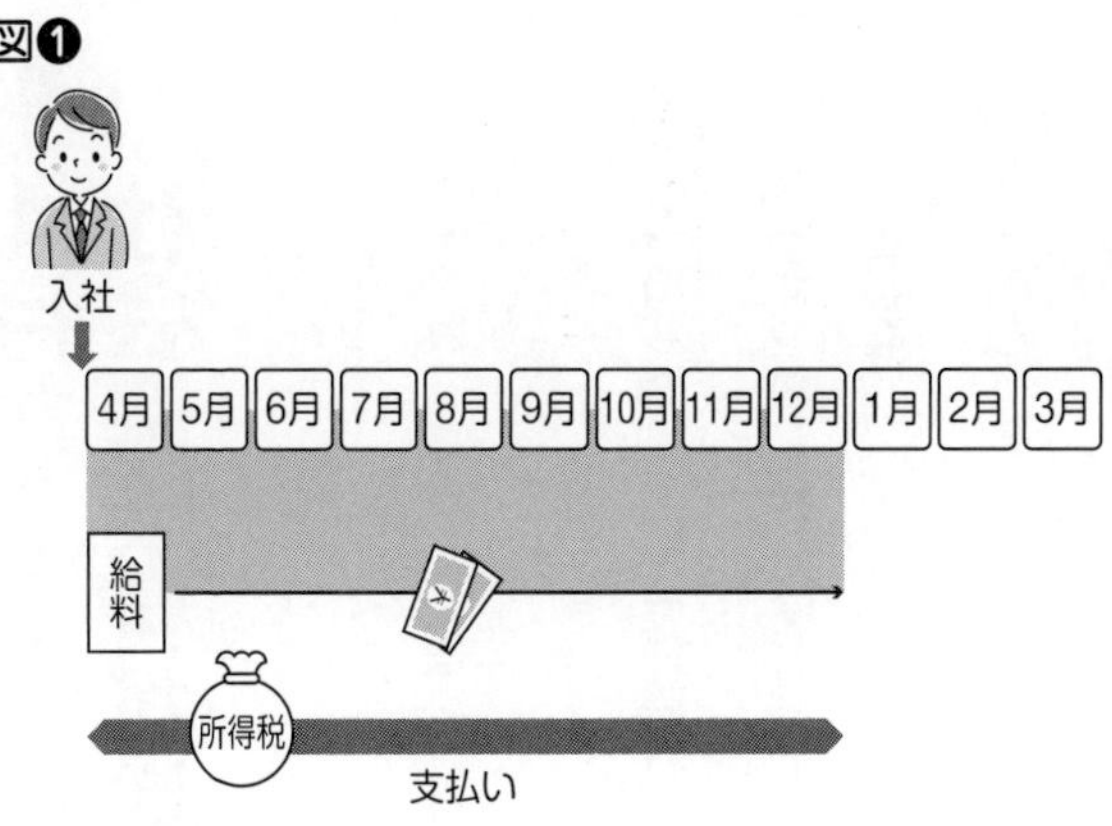
入社
4月
5月
6月
7月
8月
9月
10月
11月
12月
1月
2月
3月
給料
所得税
支払い

図❷

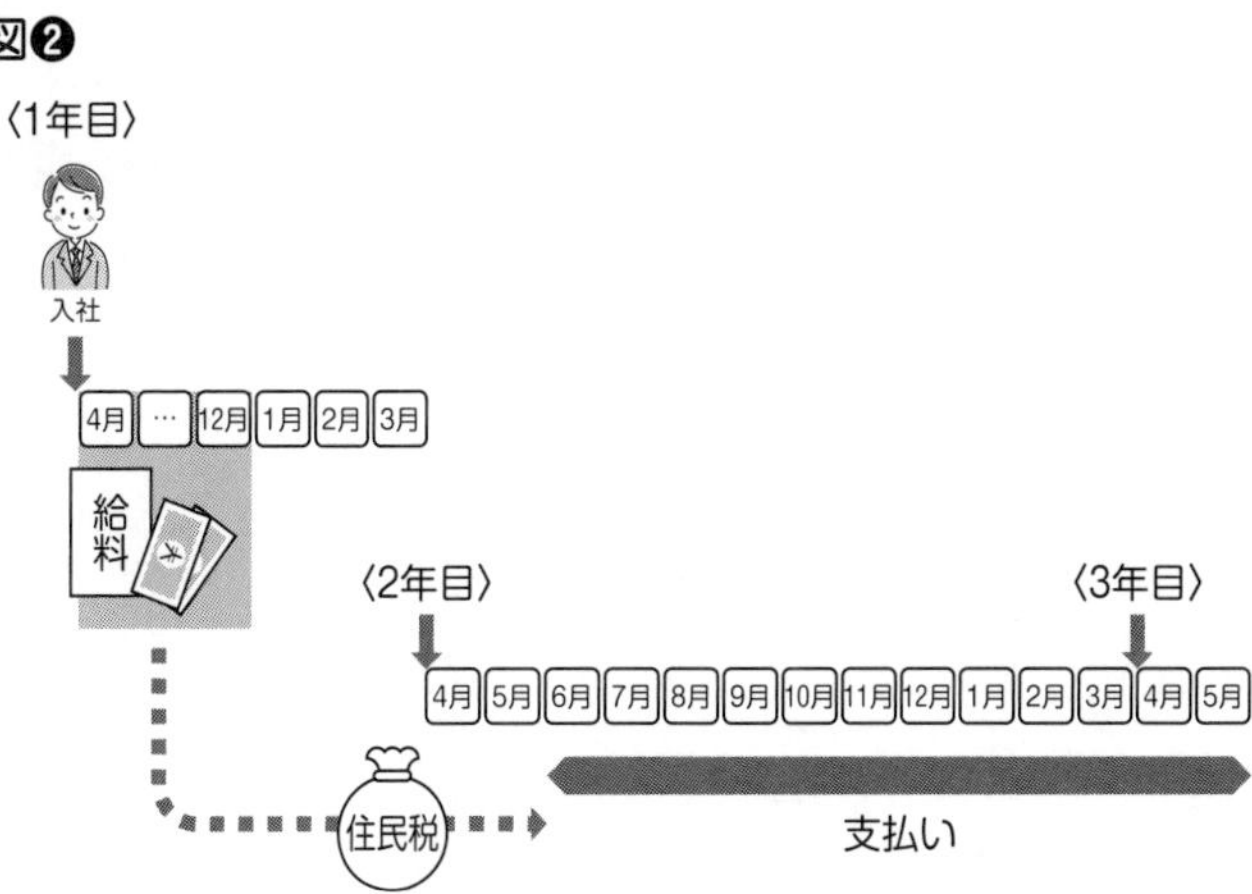
〈1年目〉
入社
4月
…
12月
1月
2月
3月
給料
〈2年目〉
〈3年目〉
4月
5月
6月
7月
8月
9月
10月
11月
12月
1月
2月
3月
4月
5月
住民税
支払い

④ 4月から6月に残業代が多いと社会保険料が増えてしまう？

「あれ、おかしいな…。ほら見て、僕の給与明細。今月の給料から手取りが減っているよ。」

「もしかして社会保険料が増えているんじゃない？　毎年、改定されるからね。」

「そっか、なるほど。でも、なんで毎年改定があって、いつ、どういう理由で社会保険料の額が増えるんだろうね。」

「うん、それは私も深く考えたことがなかったけれど、確か4月から6月に残業代が多いと社会保険料が増えちゃうって、誰かから聞いた気がするの。」

「たった3か月間の期間が影響するの？　その仕組み、詳しく知りたいなあ。」

会社に勤めている人の給料から天引きされている社会保険料の中には、健康保険料、厚生年金保険料、介護保険料（40歳以上が対象）が含まれます。給料は同額だったとしても、天引きされる社会保険料の総額が大きいほど、手取り額は減りますね。

これらの社会保険料は簡単にいうと、４月・５月・６月の３か月間に支払われる給料などの額をもとに決定した金額を、その年の９月から翌年８月まで支払う決まりとなっています。この仕組みを定時決定といいます。会社勤めの人の多くは、毎年昇給のタイミングがあるはずなので、昇給後の給料の額に応じた社会保険料の額となるように、毎年１回、一定の時期に社会保険料の額を見直しましょうという制度が設けられています。

給与天引きされる毎年の社会保険料の額は、９月から翌年８月のサイクルで支払っていて、毎年、４月～６月の給料などの額をもとに、社会保険料の額の見直しや変更がされている制度があることがわかりました。途中で大きな給料の変動があった場合や、パートタイマーの場合などには別の取扱いがされますが、継続して同じ会社に勤めている正社員の多くは、基本的に定時決定の仕組みが適用されます。

９月以降に給与天引きされる社会保険料は、４月～６月の給料などの額に影響されるということが言えますが、この給料などの額には、基本給、通勤手当などの各種手当に加えて、この間に支払われる残業代（残業手当）も含まれます。毎年改定される社会保険料の額は、計算対象とする給料などの額を出してから、所定の計算を行った後に決まりますが、4月～6月の3か月間の残業代の多い、少ないが社会保険料の額に少なくとも影響するわけです。だから、4月～6月の3か月間に残業代が多いと、9月以降に給与天引きされる社会保険料の改定額が増加する一因となり、社会保険料の額が増えた分だけ、給与天引き後の手取り額も少なくなる可能性がありますよ、ということなのです。

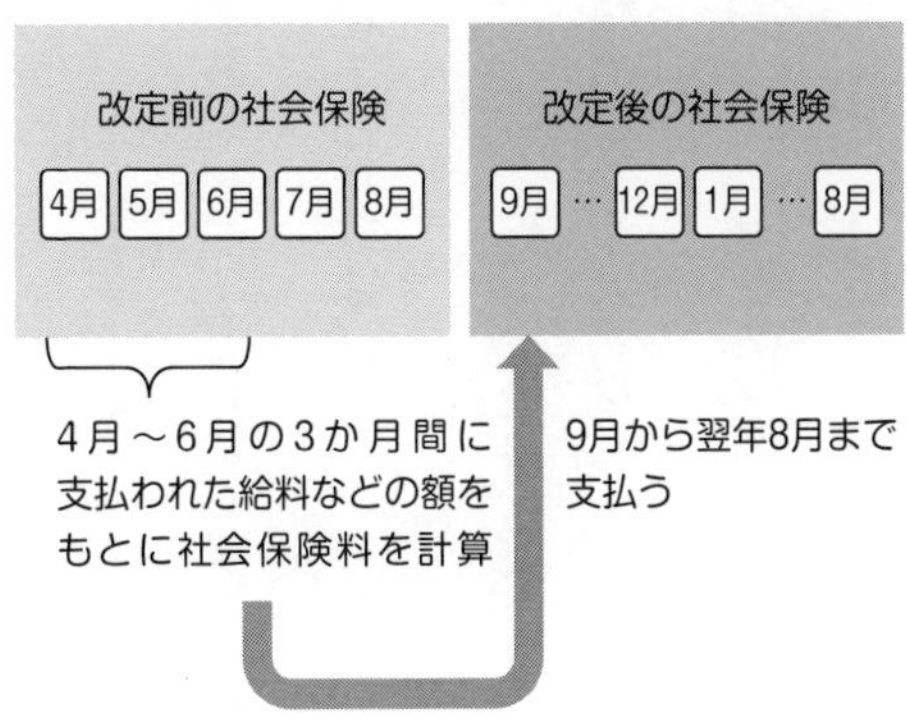
改定前の社会保険
4月
5月
6月
7月
8月
改定後の社会保険
9月
…
12月
1月
…
8月
4月～6月の3か月間に支払われた給料などの額をもとに社会保険料を計算
9月から翌年8月まで支払う

5 年末調整では何を調整しているの？

「お母さん、生命保険の証明書ってどこにしまったかな?」

「そこの引き出しの中にあるはずよ。」

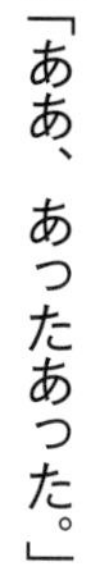

「ああ、あったあった。」

「年末に近くなると書類の準備が大変ね。」

「毎年のことだけど、けっこう面倒だよなぁ。」

会社に勤めている人の税金は、毎月の給料から天引きされています（くわしくは①参照）。ここでは、税金のうち、所得税の仕組みについて考えていきます。

毎月、給与から天引きされる所得税の金額は、この給料でこの家族構成ならば、一月の税金はだいたいこれくらいになる、という簡便な計算式によって出す概算額です。所得税は、毎年1月から12月までの1年間が計算の対象となる税金ですが、概算額のままだと、概算額×12か月分の概算所得税となり、正確な所得税額を支払わないままとなってしまいます。そのため、どこかのタイミングで正しい税額を計算し直すなどして修正をすることが必要です。

ここで、〝年末調整〟という手続きの出番です。年末調整は、読んで字のごとく年末に調整することを指しますが、税額の調整をするものです。

現状のままだと所得税を正しく計算するための情報が不足していますので、多くの会社では、年末までに手続きを終えるために、11月頃から不足を補うための情報収集を開始します。

個人にとって税額の支払負担は重いものです。そこで、所得税には、家庭の事情や家族構成などの状況に応じて、税額が少なくなる各種の制度が用意されています。たとえば、配偶者がいる、扶養している親族がいる、住宅を購入してから数年経過後も住宅ローンが残っている、家族のために生命保険に加入している、といった状況に応じて税額が少なくなる可能性があります。源泉徴収の段階では、こうした個々の事情は加味されませんが、年末調整で個々の事情を反映した正しい税額計算を行うことができるように、源泉徴収と年末調整による2段階の手続きを踏んでいます。

源泉徴収による支払済みの概算額と、年末調整によって計算した税額との間には、通常、差額が生じます。過不足の金額を計算して、支払不足なら追加で支払い、支払超過なら還付されます。この過不足額は12月や翌年1月の給料の支払い時に精算します（図❶）。

年末調整の一連の手続きは、勤めている人が勤務先へ必要書類を提出して、勤務先経由で行います。

通常、会社に勤めている人は、年末調整に

図❶

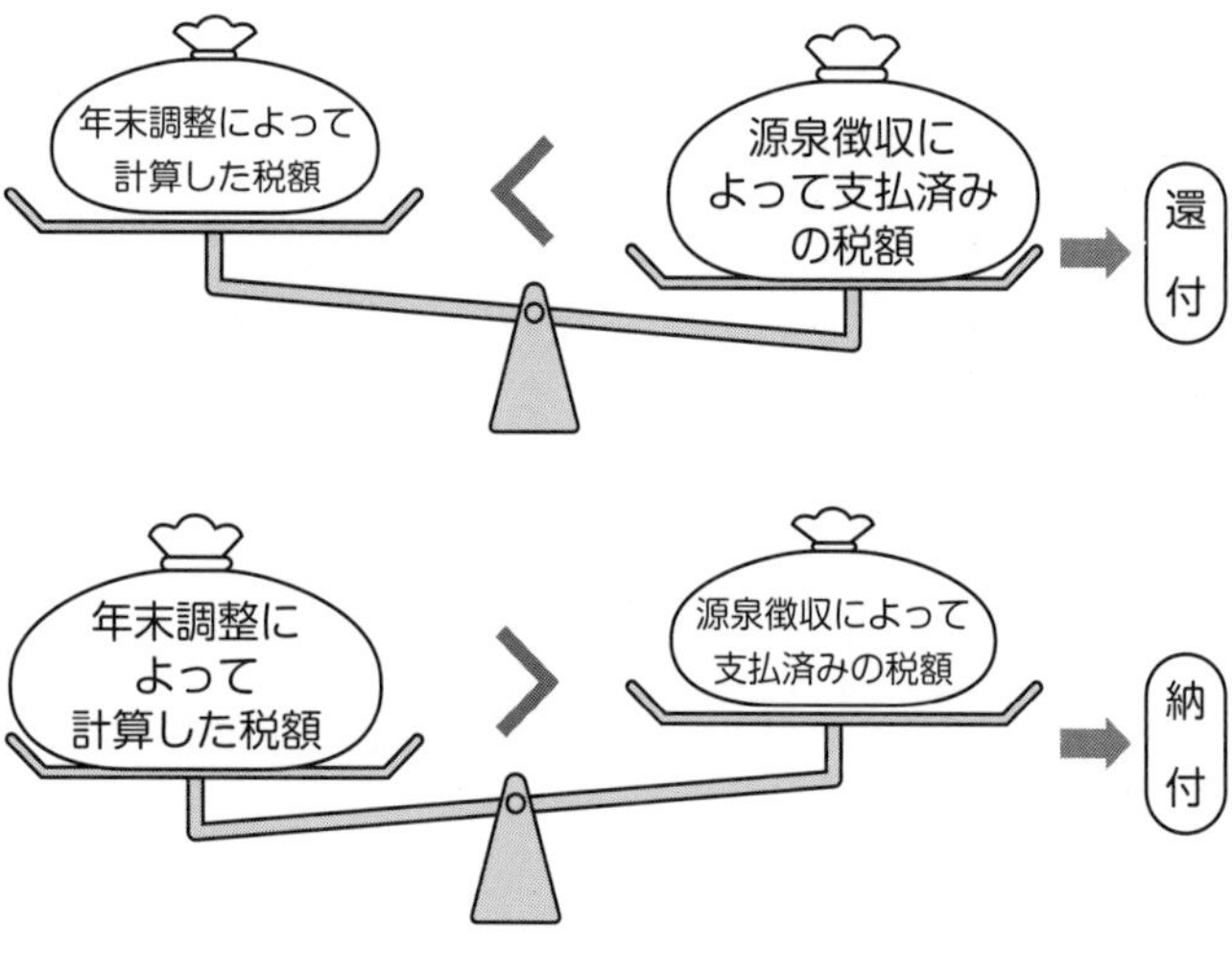

よって税金の計算と支払いが終わる場合が多いですが、人によっては、年末調整を終えても税額の計算が確定しない場合があります。このような場合には、確定申告によって税額の自己申告と支払いを行います（図❷）。

多くの場合、年末調整によって計算した税額の方が、源泉徴収による支払済みの概算額よりも少なくなるので、還付される可能性の方が高くなります。年末調整によって還付された金額はキャッシュバックだと誤解されることがありますが、あくまで、源泉徴収によって支払い過ぎた税額分が精算されただけなので、プラスマイナスゼロの状態に戻っただけです。年末調整によって還付された金額も大切な家計のお金、大事に使いましょう。

図❷

源泉徴収 ➡ 年末調整 ➡ 税額が確定 ➡ した ➡ 手続き終わり
　　　　　　　　　　　　　　　　　　➡ しない ➡ 確定申告

6 額面と手取り、年商と年収は同じもの？

「先生、私も就活にそなえて会社のこととか、勤めてからのこととか、色々調べているんです。」

「藍さんは相変わらずしっかり者ですね。」

「ありがとうございます。でも、ここが、ちょっと引っかかっているんです。額面ってとこと、手取りってとこ。なんか違うみたい。」

「なるほど。ほかにも、商売をしている人が使う年商という言葉と、年収という言葉も似ていますよね。違いはわかりますか？」

「それは…えっと…」

「では、私がレクチャーしましょう。」

まずは、額面と手取りの違いです。〝額面〟は、会社に勤めている人の場合だと、税金や社会保険料を引かれる前の給料の〝総支給額〟を指すことが多いです。ちなみに、〝年収〟は個人の1年間の収入金額のことで、通常、1年分の額面金額です。額面や年収は個人に使うことばです。

これに対して〝手取り〟とは、給料から税金や社会保険料などが引かれて実際に振り込まれた金額を思い浮かべると良いと思います。税金や社会保険料のほかにも、組合費などの支払い分が引かれることもあります。特に、「給料－税金－社会保険料」で求められるものを〝可処分所得〟といいます。給料から天引きされるものが税金と社会保険料以外になければ「手取り＝可処分所得」となります。手取りは、実際にお金として手にするわけですから、自分が自由に使えるお金と言い換えることもできます。

額面との関係でいうと、「額面＞可処分所得≧手取り」となります。

では、年収と似ている言葉、〝年商〟はどのようなものでしょうか。年商は事業者に使うことばです。商売をしているお店がお客さんにモノを売って入ってきたお金の1年分の合計を想像するとよいでしょう。事業者が商売を通じて1年間に入った売上の合計金額で、個人の1年間の収入金額を表す年収と同じようなことを言っています。

ただし、使い方としては、この2つは全く違う意味になります。「年商○○億円の社長が…」という言葉が出たときがその一例です。この年商はお店や会社にとっての1年間の売上金額をいいます。あくまでお店や会社として稼いだ額であって、社長個人の収入ではありません。お店や会社は年商から、たとえば、お店を続けていくための家賃や従業員への給料などを払いますが、給料の支払い相手の1人に社長がいます。社長は年商の中から、その一部を給料として得ており、この給料が社長の年収ということになります。正確には会社の社長をはじめとする経営陣（役員）が受け取る給料を役員報酬といいますが、役員報酬は年商の中の一部を受け取っているわけです。ですから、年商○○億円の社長が現れたとき、「会社やお店はそんなに稼いでいるんだ！」は正しいのですが、「社長はそんなに稼いでいるんだ！」は多くの場合誤りだということです。普通は、「年商＞年収」となるはずです。

年商は、個人の収入金額に比べて大きくなりやすいですよね。テレビなどで使われるとインパクトが大きいので、あえて、社長の年収ではなく、年商を前面に出して「年商○○億円の社長」としているのかもしれませんね。

〝売上〟はいろんな意味に変化するコトバだよ

売上というコトバを生活の中でよく耳にするのは、いろんな意味に変化するからなんだ。お店がお客さんに売った品物の代金を受け取るときも、１か月分を集計した金額を言うときも、１年間の〝年商〟だって、広く言えば売上なんだ。一定期間の売上合計を〝売上高〟と呼ぶように、似たコトバもたくさんあるし、だれもが一度は聞いたことのある売上は、生活に浸透している税金や会計の代表的なコトバの一つだね。

7 家計でも会社のように決算書を作ることができるんだって！

「このおもちゃは500円。こっちのゲームは2,000円、と。」

「あら、なにしてるの？」

「自分がどれくらいお金持ちか計算しているんだよ。」

「おもしろいわね。いくらになりそうなの。」

「えっと、お母さんから前借りしたお金も引いて…、4,250円くらい残りそう。」

「そうよね。人に返すお金を引いた残りが自分のお金よね。そうだ。せっかくだから、ウチの財産でもやってみようか？」

会社の成績を確定することを決算といいます。そして、その内容をまとめた書類を決算書といいます。すべての決算書を作ることができるわけではないのですが、少なくとも決算書の代表的な書類の一つ、バランスシート（貸借対照表）といわれる、ある一時点の財産の状態を表す表については、家にあるモノなどについて情報を集めれば、家計でも簡単なものを作ることができます。

家計で大事なことは、「いったいウチの財産はいくらなのだ？」という点です。それには、目の前に見えている財産や現金、預貯金だけではなくて、相手に返さなくてはならないもの、支払期限が来ているものを差し引いた残りの財産額を見なくてはなりません。今すぐに、家にあるものを全て処分し、借金などを返済したとしたら、最終的に手元にいくら残るのか。このような考え方がバランスシート作成の第一歩です。手元に残る最終的な金額のことを、〝純・資産〟といいます。

家計の純資産は、資産から負債を引けば求められます。さて、それはどういう意味でしょうか。

資産とは、もともとお金だったものが別のかたちに変わっているものです。もちろん、お金のまま形を変えないで残っているものも資産です。言い換えると、仮にすべての資産が換金可能だとしたら、売却なり、処分をして、最終的にお金となって価値が残るものが資産です。家計で言えば、住宅、自家用車、家電、骨董品などです。

負債とは、債務を負っていることです。債務は支払いや返済など、相手に対して何かをなさないといけない義務のことをいいます。家計で言えば、住宅ローン残高や、クレジットカードなどの支払い予定額などです。

価値のある資産をすべて処分して、返済や支払いが必要な義務をすべて精算したあとに残るものが、ウチの純資産です。

バランスシートは図❶のようになっています。それぞれの枠の大きさが金額の大きさを表すと思ってください。この図を見ると、家の資産すべてを処分したら3,000万円あって、住宅ローン残高という負債が1,500万円あるようです。資産から負債を引けば残りが必ず出ますから、1、

図❶

①資産		②負債	
現金	100万円		
車	150万円	住宅ローン残高	1,500万円
住宅	2,500万円		
家電	50万円	③	
骨董品	100万円	純資産	1,500万円
その他	100万円		
		②+③合計	3,000万円

５００万円の純資産が残ることになります。

左の枠から右上の枠を引いて右下の枠を求める、番号で示せば、①引く②は③、の関係です。この関係は会社でも一緒です。会社の場合はもっと複雑ですが、それでも資産すべてを換金可能なものに置き換え処分し、負債を精算すれば、残る会社の純資産は、理屈上出せます。

今までの説明とは反対に、ウチの家計は、住宅ローンや、やりくりして最終的に残るであろう財産によって支えられているという、②足す③は①、の関係も成り立ちます。

バランスシートは、①引く②は③の関係からも、②足す③は①の関係からも把握できる点で、会社の決算書でも、長く使われてきた優れた概念です。会社では②を他人資本、③を自己資本と呼ぶこともあ

図❷

①資産		②負債	
現金	50万円	住宅ローン残高	2,000万円
車	20万円	自動車ローン残高	100万円
住宅	1,000万円		
家電	10万円		
その他	20万円		
③			
純資産	1,000万円		

①＋③合計　2,100万円

ります。言い換えれば、②は他人によって支えられているもの、③は自分で蓄えを維持したり増やしたもの、というような意味合いです。

③の純資産はとても重要な概念で、家計でも会社でも余力を表します。

ところで、家計も会社も図❷のような場合がありえます。全資産を処分しても借金などの方が多くて、返済するためのお金がないどころか、足りない状況です。負債が資産を超過している状態を意味しますので、負債超過といいます。一般的には、負債を債務と読み替えて、〝債務超過〟ということの方が多いです。

家計で債務超過になる一例として、資産として大きなウエイトを占める住宅の価値が買ったときと比べて著しく減少している一方で、ローンは返済しない限り残り続けますので、資産価値の方が目減りしている、といった場合が考えられます。あくまでも、バランスシートの考え方に従えばですが、家を買うためにローンを組む場合は、将来、家を売却処分する可能性を想定して、売却した金額でローンを全額返済できる範囲で借りるのが望ましいということがいえます。仮に、金利が低いからといって、返すあてがないほど借りると、債務超過の状態になっていくのは、会社も家計も一緒だということになります。

今回の例でご紹介できる範囲は少なかったですが、家計でいえば、現時点のバランスシート、将来の年金受給をしたときの想定バランスシート、結婚に住宅購入、子供の出産など家族構成が変わったときの想定バランスシートなど、作ることのできるパターンはたくさんあります。

家計のバランスシートを作成すると、家計の状態が金額で明らかになります。会社のバランスシートから得られる情報はさらに多く、持っている資産や負債の中身、純資産の様子から会社の考え方や経営方針がわかるほど重要な役割を果たしています。

8

所得税は自分で計算して払うもの？

「この時期になると税務署の周りは混んでいるよね。」

「うん、確定申告って聞いたことあるかい？」

「ある！　ニュースでも言ってたよ。3月15日までにお願いしますって。」

「よく覚えているね。お父さんもしたことがあるけど、なんだか難しいイメージが残っているなあ。」

「したことがある？　ということは、お父さんは毎年確定申告しているわけではないのね。でも、これだけ多くの人だかりができているということは、確定申告するのが普通なのかも…。」

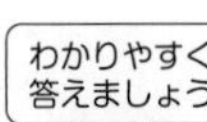

確定申告は、個人が自分で所得税の額を計算して、税務署に確定申告書を提出して自己申告することで、税金を支払う手続きをいいます。

所得税は、個人が1月から12月までに得た〝所得〟の額に応じて課税される種類の税金です。所得は、基本的に「収入－経費＝所得」の計算式によって求められるので、たとえば、商売人がお客さんにモノを売った代金の収入がそのまま所得になるわけではありません。個人が1年間に得た収入から、収入を得るためにかかった経費分を差し引いた残りが所得となります。一般的な言葉で言い換えるなら、収入は稼ぎ、経費は出費、所得は儲けとするイメージが近いので、「稼ぎ－出費＝儲け」と言い換えてもよいでしょう。

所得税は、自分で所得税の金額を計算した結果を自己申告して税金を支払います。その計算のために使う書類が確定申告書であり、その年の分の手続きを翌年の2月16日から3月15日までの間に行います。12月までの所得が出ないと所得税の額を計算できないですから、翌年になってから一定期間を設けていることにも納得です。

基本的に個人は確定申告によって所得税の申告や、税額の支払いを行う決まりとなっています。ただし、例外もあり、代表的なものに、会社に勤めている人の所得税があります。会社に勤めている人は、多くの場合、源泉徴収と年末調整（くわしくは、①、⑤参照）のみで税額計算と支払いが完結し、確定申告が不要になるからです。会社に勤めてから一度も確定申告をしたことがない、という方もいるでしょう。

これに対して、個人事業主の人や、勤務先からの給料の他にも副業からの収入を得ている人などの場合には、原則どおり確定申告を行います。

還付申告という、確定申告をして税金の還付を受ける手続きも、確定申告に含まれます。たとえば、年末調整を終えても税金の額の計算が終わっていないなどの事情がある場合には、確定申告をすることで税金の還付を受けることがあります。会社勤めの人で、確定申告の経験がある方の中には、還付申告をするために行ったという人がいるのではないでしょうか。

大原則として、所得税は自分で計算して自分で税金を支払うもの、それは確定申告によって行いますが、会社に勤めている場合は例外として、源泉徴収や年末調整という別の制度で手続きが完了するので、確定申告という原則によらない人たちもいるという仕組みです。

確定申告には、申告する人ごとに所得を計算すること、税金の額が少なくなるような個々の事情を加味すること、所得税の金額を計算して税額を確定すること、自主申告の計算結果を確定申告書にまとめること、確定申告書にしたがって所得税の金額を支払うこと、といった役割があります。

確定申告というと、難しそうで構えてしまいがちですが、確定申告シーズンになると各地の税務署などで確定申告のための無料相談の場が設けられ、自力での確定申告書作成が可能なように国税庁のウェブサイト上で特設コーナーが運営されるなど、様々な機関による作成支援が行われます。書類での提出によらず、電子申告やスマートフォンを利用した申告など、年々利用者にとっての利便性が高まっていることもあって、利用しやすくなってきています。所得税額はどのような過程をたどって計算され、いくらになるか、自分自身の目で確かめるために、一度は確定申告書を自分で作成してみることも良いかもしれません。

9 給料をもらう人は経費を計算しなくていい?

「今日は買い物に付き合ってくれて、ありがとう。」

「うん、いいよ。今日は暇だったし。事務所に置く机なんだろ、それ。」

「そうなんだ。従業員が1人増えてね。あ、はい、領収書お願いします。この名前です。」

「鳥山は個人事業主だもんね。そういえば、給料をもらう人の場合、経費はどうしているのだろうか?」

個人の1年間の所得に対して課税される所得税。所得は、多くの場合、入ってきた収入から、経費と呼ばれる収入を得るためにかけたコストや出ていくお金などを差し引いた残りを指し、所得の額に応じて支払う税金の額が変わってくる仕組みとなっています。

個人事業主などの場合、事業を営むために必要な経費を自分で集計しますので、例えば、文房具、机や椅子などの備品、業界紙（誌）や専門図書といった購入にかかったお金について、領収書などをとっておきます。確定申告をする際に、1年分の事業に必要な経費はこれだけありました、証拠はこの領収書たちです、というように、経費の裏付けとなる証明の存在によって正しい経費を自分で計算しています。

給料をもらっている人の場合、収入は勤めている会社から受け取る給料ですが、所得を求めるために必要な経費はどうやって計算しているのでしょうか。おそらくほとんどの人が、経費を計算するために領収書の束とにらめっこする、というような機会はないと思います。領収書を受け取る機会があったとしても、それは会社に提出して会社の経費とするためのものでしょう。

給料をもらう人の経費の計算の仕方には、特別の取扱いがあります。原則として、ですが、給料の額に応じてこれだけ経費がかかったこととみなすよ、というみなし控除制度があり、〝給与所得控除〟と呼ばれています。

例えば、2020年分の1年間の給料の総額が900万円で子育て・介護世帯以外の人は、原則として195万円をその給料を得るためにかかったコスト（必要経費）とみなすことにして、900万円から195万円を差し引いた705万円が給料から得た所得（給与所得）、という扱いにしています（**表❶**）。

会社に勤めている人は、毎月の税金の支払いの手続きをしなくても済むように、給与天引きで毎月税金が差し引かれていますよね。それと同じように、自分の必要経費を求めるために領収書などを集めて計算するといった手間を省くために、必要経費についても給料の額を基礎とした計算式にあてはめて、みなしの必要

表❶　子育て・介護世帯以外

給与等の収入金額（給与所得の源泉徴収票の支払金額）	給与所得控除額
162.5万円以下	55万円
162.5万円超～180万円以下	収入金額× 40％－ 10万円
180万円超～360万円以下	収入金額× 30％＋ 8万円
360万円超～660万円以下	収入金額× 20％＋ 44万円
660万円超～850万円以下	収入金額× 10％＋ 110万円
850万円超	195万円

経費を求め、計算だけで給料分の所得が出せるようにしようという制度になっています。

ちなみに、２０２０年分以降の給与所得控除は原則として**表❶**、**表❷**を使って当てはめる計算式となっています。

このように、基本的に会社に勤めて給料を受け取る人たちの税金計算は、源泉徴収や年末調整の制度に加えて、給与から得られる所得の計算自体も簡便で済むような、みなし経費制度が設けられています。領収書を集めて自分で計算する、といった手間いらず、というわけですね。

表❷　子育て・介護世帯

給与等の収入金額 (給与所得の源泉徴収票の支払金額)	給与所得控除額
162.5万円以下	55 万円
162.5万円超～180万円以下	収入金額× 40 %－ 10 万円
180 万円超～360 万円以下	収入金額× 30 %＋ 8 万円
360 万円超～660 万円以下	収入金額× 20 %＋ 44 万円
660万円超～1,000万円以下	収入金額× 10 %＋ 110 万円
1,000 万円超	210万円

calendar 2月

⑩ 所得税に家族割引がある？

「家族割りっておトクだよね！」

「うん、そうね。私たちにとってもだけど、お店にとっても、家族の1人でも多く払ってくれる方が商売人として嬉しいのよ。」

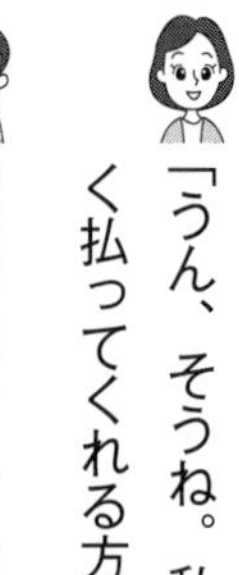

「お店もよく考えているんだね。所得税にも家族割引あったらいいのにね。」

「そうね…。そうは言っても、税金だしね、あるのかしら？」

所得税は、個人の1年間の所得の額に応じて課税される種類の税金です。ということは、所得が全く同じ2人がいたとすると、全く同じ税金になるのか？実は、そうは言い切れないのです。なぜかというと、所得税を計算する過程で、家庭の事情や家族構成などを考慮するからです。家族割引や、お店でサービスを受ける際の○○割のような割引制度は、所得税の世界にも用意されています。

会社に勤めていて給料のみによる収入を得ている人の場合を例に見てみましょう。

第1段階　**給与収入－給与所得控除＝給与所得**

第1段階として、給料による収入からみなし経費制度である給与所得控除を差し引いた給与所得が計算されます。

第2段階　（給与所得－所得控除）×税率＝所得税額

（給与所得－所得控除）＝課税所得金額

次に第2段階として、所得税額を計算します。所得税は所得に税率をかけて求めますので、給与所得×税率＝所得税額でもよいのですが、第2段階で、「（給与所得－所得控除）×税率＝所得税額」という計算式とします。税率をかける前の所得控除を差し引いた所得のことを〝課税所得金額〟と呼んでいます。ちなみに、所得税の世界には、他にもいくつもの控除制度がありますが、便宜上省かせてください。

所得控除の金額が大きいほど、カッコ内の金額が小さくなり、同じ税率でも所得税額は少なくなります。所得控除イコール所得税額が少なくなるもの、税金が安くなるものと言い切ってしまっても差し支えありません。

所得税は所得に応じて課税されるといっても、個々の家庭は様々な事情を抱えていることが想定されます。一律に同じ所得だから同じ税金を支払え、と言われても、税金の負担は重いので、少しでも個々の事情を踏まえて負担が軽くなるのであればありがたいですよね。

そこで、家族構成や家庭の事情に当てはめて、「このような場合であれば、所得控除を認めて税金の額が少なくなるように調整しましょう」、といういくつかのパターンが用意されています。私たち税金を支払う側にとっては、恩典のような性格のものと言い換えてもよいかもしれません。

所得税を支払うすべての人に権利のある基礎控除や、配偶者がいる場合の配偶者控除、地震保険や生命保険を払っている場合の地震保険料控除に生命保険料控除、医療費を多額に払っている場合の医療費控除など、人や家族の状況、生活状況などに応じて設けられています。

第3段階　所得税額－税額控除＝支払う所得税額

（復興特別所得税という名の税金もありますが、説明は省きます。）

さらに、第３段階でも控除は用意されています。住宅ローンで住宅を購入した場合には、一定額まで、計算して求めた所得税額から直接控除できる、〝税額控除〟という制度があります。所得税額－税額控除＝支払う所得税額になるので、税額控除があると、支払う所得税額が少なくなります。

こうしてみると、所得税の世界にも、このような家族の場合には、このような要件を満たした場合には、といった、家族割引、○○割に似たような制度があるのですね。

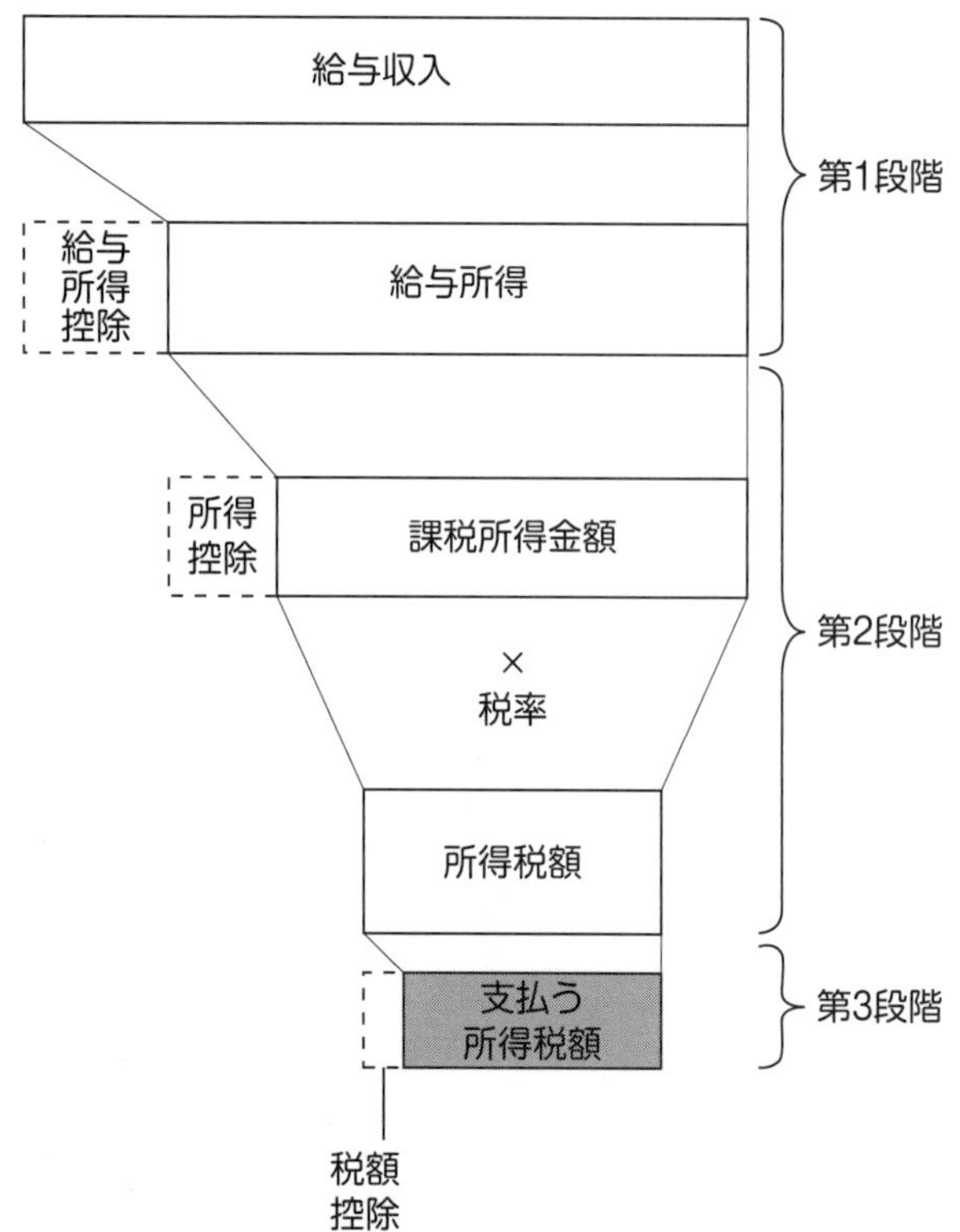
給与収入
第1段階
給与
所得
控除
給与所得
所得
控除
課税所得金額
×
税率
第2段階
所得税額
支払う
所得税額
第3段階
税額
控除

基礎控除

○○控除が大きくなると、基本的に支払う所得税が安くなりやすいんだ。

実は、所得税を計算するすべての人に一律に適用される基礎控除（所得控除の一つ）が、2020年分から改正されて、最大で10万円アップしたんだ。その代わり、同じタイミングで、給与所得控除というみなし経費制度は、原則10万円ダウンしているよ。

会社に勤めている人の多くは、基礎控除のプラスと給与所得控除のマイナスが相殺されるから、この改正はあんまり関係がないんだ。でも、給与生活者ではないフリーランスなどの個人事業主の多くは、基本的に基礎控除のプラス分の恩恵だけを受けるから、結果として税金が安くなる可能性が高くなったんだ。

11 確定申告したらお金が戻ってきた!?

「ちょっと聞いてよぉ。確定申告したらお金が戻ってきたの。」

「それって、キャッシュバックということ?」

「そうなのかしら。そういえば、還付されるとか、言っていたわ。」

「へー。すると、やっぱりキャッシュバックじゃないかしら。きっと、確定申告と還付とが関係しているのよね。」

「詳しいことはいまだによくわかっていないんだけど、去年は家族の医療費がとても多くかかったのね。それで、調べていたら、確定申告にたどり着いたワケ。」

「税金にもいろいろな制度があるのよね。私も調べてみようかしら。」

所得税の確定申告をしたらお金が戻ってくる、こんなウソみたいなホントの話は確かにあります。しかし、キャッシュバックではなくて、〝還付申告〟と呼ばれています。

所得税の金額を正確に計算したら、すでに支払いが済んでいる所得税の金額の方が多かった場合、払い過ぎの状態になっているので、確定申告すれば払い過ぎた分を返します、という制度です。

確定申告書を作成して計算した所得税の金額よりも、源泉徴収・年末調整後の所得税の金額の方が大きくなってしまうケースは、会社に勤めている人によく見られます。

まずは、還付申告の話に進む前に、会社に勤めている人の給料に関わる税金の流れを簡単に説明しますね。

確定申告書を作成して計算した所得税の金額 ＜ 源泉徴収・年末調整後の所得税の金額

↓

所得税の払い過ぎ

↓

確定申告

↓

払い過ぎた分が戻ってくる

会社に勤めている人は、通常、毎月の給料から所得税や住民税が差し引かれた後の現金を受け取ります。ここからは話を単純にするために所得税のみに着目します。

給与天引きによって会社が従業員の代わりに支払う所得税は、源泉徴収という制度によって計算された概算の税額で、給料の額や、扶養している家族の人数を元に簡便計算しています。1年間毎月支払ったとしても、このままでは概算額なので、正しい税額ではありません。そこで、年末調整という追加の手続きを踏むことによって、会社が従業員から年末段階で把握しうる状況を収集して、税額を計算し直します。より正確な税額計算を行うことに加えて、個々の家庭の事情や家族構成に応じた所得の減免額を反映させたうえで計算した年末調整後の金額を、源泉徴収による支払済みの税額と比較して、過不足を精算します。

会社に勤めている人の場合、通常は、年末調整で所得税の支払いが完了します。ところが、これだけでは足りずに、確定申告が必要な場合があります。

たとえば、病気で医療費がたくさんかかった場合、所得の中でやりくりしながら医療費などを支払い続けることが想定されますが、家族の病気を抱えながら所得税を支払う負担は精神的にも金銭的にも重いものがあります。個人や家族に配慮すべき事情がある場合、所得の減免を受けられる所得控除の制度がありますが、なかには、確定申告をしなければ適用を受けられないものがあります。代表的なものが、医療費控除です。医療費控除は、医療費でかかった負担額を考慮して税金の額が減るような計算をする制度です。

マイホームを購入するときには、住宅ローンを組んで資金を金融機関から借りることがあります。こうした場合に、税金の支払い額が減る制度がありますが、はじめて適用を受ける場合には、源泉徴収や年末調整では手続きができず、確定申告を行わなければなりません。

このように、源泉徴収や年末調整では補えない場合に、確定申告で税金の確定と支払いを完結させます。

通常は、こうした個々の事情を最終的に考慮するための確定申告ですので、これまでに行ってきた源泉徴収や年末調整後の所得税額よりも少ない所得税額になる可能性が高いといえます。確定申告を行い、最終的に確定した所得税額の方が源泉徴収や年末調整後の所得税額よりも少なければ還付されますね。

確定申告によって、支払い過ぎた税金の還付を受けられる、だから還付申告と呼ばれています。これも、年末調整と同じく、支払い過ぎた分の還付ですから、新たにお金が生まれたわけではなく、精算されたものです。過不足なく税金の支払いをすることも大切ですので、必要に応じて確定申告を活用して支払い過ぎであれば還付を受けましょう。

こんにちワン、パープルです！　順調に読み進んでいますか？

人生ワン年時代とか、老後2、000ワン問題とかいうじゃない。少し違うかな？

　人生とお金は切っても切れない関係にあって、税金や会計もお金ととても関係が深いから、税金と会計を知ることが人生をより豊かに、良い方向に導いてくれそうだよね。身近な話題から浮かぶギモンは、物事の本質に近づくために意外に大事だったりするんだワン！

第2章

虹橋家のギモン

～お金のしくみがわかる～

12 今月は赤字だ。先月まで黒字だったのに…

「まずいわ。今月のお小遣いが赤字だわ…。」

「バイトしてるんでしょ。何に使ったの?」

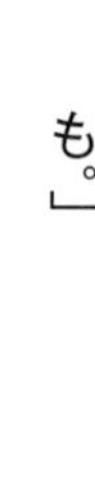
「この前の連休中に遊びすぎちゃって。次のスマホ代の引き落としが足りないかも。」

「困ったわね。今からでも家計簿をつけて、家計をしっかり管理した方がいいよ。」

「うん、早く黒字にしなくちゃ。アドバイスしてくれる?」

「もちろん。まずは、現状をもう一度きちんと把握しようよ。」

家計簿などの収支計算を記録していると、今月入ってきたお金と出ていったお金の計算の結果、プラスになる月があれば、マイナスになる月もありますよね。入るお金のことを収入、出るお金のことを支出といい、2つを合わせて〝収支〟といいます。収支がプラスならば、その月は入ってきたお金の方が上回った状態で、余剰分だけお金は増えているはずです。一方、マイナスならば、その月は出ていったお金の方が上回った状態で、不足分だけお金は減っているはずです。

会計の世界において、収支がプラスの状態を黒字、収支がマイナスの状態を赤字といいます。実際の記録の場面でも、書類上やデータ上で、マイナスの時は赤色で記録されることが多いですね。

黒字、赤字は、会社が自社の成績を集計する際にも使う概念です。たとえば、スーパーマーケットがお客さんに販売した商品の売上代金として受け取った1年間の総額から、お店を営業するために支払った家賃や従業員への給料などを差し引いて残った金額が儲けとなります。この儲けのことを会社や会計の世界では〝利益〟と呼んでいます。利益の額がプラスのことを黒字、利益の額がマイナスのことを赤字といい、会社の成績を集計する過程でよく使われる言葉です。たとえば、「今期は赤字だった、来期は黒字を目指そう」、というような使い方をします。ちなみに、赤字から黒字に転じることを黒字転換、反対に黒字から赤字になることを赤字転落ということもあります。

さらに、巨額赤字、大幅黒字のように、黒字や赤字の程度をこのように表現することで、いかにも大きなマイナス、大きなプラスが出たのだ、と読み聞きしてすぐにわかるような表現を使うこともあります。

一般感覚として、赤字というと家計でも会社でもマイナスな印象がありますが、黒字倒産といって、利益はちゃんと出ているのに、お金が足りなくなって倒産してしまうケースもあります。利益があるのにお金が足りなくなるケースとして、利益よりもお金の支払いや返済負担額の方が多くなってしまっていて、お金の減るスピードに利益が追いつかず、先にお金が底をついてしまうことが考えられます。利益とお金のバランス感覚は、会社を経営する上でとても大切です。たとえ黒字でも、利益に見合ったお金の使い道を探すこと、利益が減ったとしても、余力のある経営を続けられるようにしておくことが、経営の安定につながります。

それだけ、会社の場合は、利益というものだけではなく、財産、お金回り、資金繰りといわれるお金の循環を考えながら経営しなくてはなりません。

実は、家計も同様のことが言え、収支計算だけではなく、先々のお金が回るように、財産の中身を把握することや、ローンのかけ過ぎ、お金の借り過ぎに注意して、財産自体のプラスを維持できるような家計にしていくことが大事です。そういう意味では、個人と会社では活動主体こそ違うものの、互いから学べることは大いにあると言えそうです。

13 「儲かりまっか」「ぼちぼちでんな」を会計として見てみる

「おーい、赤彦。こっちこっち。久しぶりだな、元気だったか?」

「烏山も元気そうだな。今、関西に住んでいるんだっけ?」

「そうなんだよ。仕事の都合で大阪にね。だいぶ馴染んできたよ。赤彦、最近どうだい、儲かりまっか?」

「ぼちぼちでんな。」

「お、知っているね。」

「まあ、このくらいはね。ところでぼちぼちってどういう意味なんだ。」

「さあ…？　考えたことないな。」

「おいおい…」

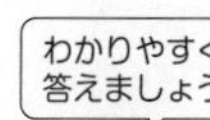

「儲かりまっか、ぼちぼちでんな」とは、商売をしている人同士が使うあいさつのようなものですね。もう少し違う表現にすると、「儲かっていますか？」「（おかげさまで）まぁまぁですよ。」という会話が思い浮かびます。

儲かっていますか、の言葉には、たとえば、売上の動向、経営が軌道に乗っているか、お店の売上から諸々の経費を差し引いた利益の程度、社長自身が潤っているかどうか、など色々な意味が含まれていることでしょう。単に「調子いい？」「いいよ！」という社交辞令の可能性もあります。

もし、儲かっていますか、が真面目な質問だったら、まぁまぁですよ、の回答はどんな意味になるでしょうか。

売上動向について「まぁまぁ」と回答できる場合、通常、それなりの水準で安定して推移している様子を想像します。ちょっと落ち目にあるが、まぁまぁだよと強気でいる可能性も否定できませんね。上向いていれば、良い、とはっきり言うはずなので、上向いている場合でも徐々に調子が上がってきている程度でしょう。驚くほど良いわけではないが、安定して推移しているか、ちょっと上向きか、仮に落ち目にあったとしてもさほどではないだろうと考えます。軌道に乗っているか、についても同様で、悪くないね、いつもの調子を保っているね、と判断できそうです。

利益の程度については、まぁまぁが正直な答えなら、黒字の可能性が高いと判断できます。とても大きな黒字ではないが、お店や会社が回る程度の黒字は保っていて、資金繰りに問題がなければすぐに倒産する心配はなさそうです。社長の懐具合がまぁまぁなら、無理をせずに生活できる水準を保ち続けていると予想します。

「儲かりまっか、ぼちぼちでんな」は、P／L的な意味が含まれる言葉です。P／Lとは会計の言葉でProfit and Loss Statementの略で、日本語では〝損益計算書〟と呼ばれています。会計期間という、通常1年間に、どれだけ稼いだか、儲けたかという水準を金額で表すための集計表です。「どれだけ稼いだ？　儲かった？」の問いかけに対して、「これだけ稼いだよ、儲かったよ！」という会話の流れになっているものは、大体の場合、P／L的な発想をしています。会計用語との関係でいうと、稼ぎが売上、儲けが利益に近いです。

もう一つ会計用語の代表的なものに、B／Sというものがあります。Balance Sheet の略で、日本語では〝貸借対照表〟と呼んでいます。会社のある一時点の財産の状況を金額で表すための集計表です。もし、儲かりまっか、の質問をB／Sの視点でぶつけるのなら、「蓄えてまっか」「ためこんでまっか」あたりでしょうか。

儲かりまっか、から始まる質問は、売上や利益のような一定期間でいくら稼いだか、儲かったか、というP／L的な発想の確率が高いです。

とはいうものの、これまでの分析は推測による私見です。実際の会話では、きっと互いの声のトーン、抑揚、冷静か否か、顔の表情などから察知して総合的に判断することになるでしょう。

会計の世界では、儲かっているか、ぼちぼちだといったような言葉が曖昧なゆえに、誰もが客観的に判断できる数字や金額で他社と比べて良い悪い、自社の去年と今年を比べて良い悪いといった判断を行っています。会社の経営活動の成果を、主に数値で見える形にして示す会計という技術が必要になるわけです。

14 宝くじの当せん金には税金がかからない？

「今日は宝くじの当せん発表だったな。どれどれ…。」

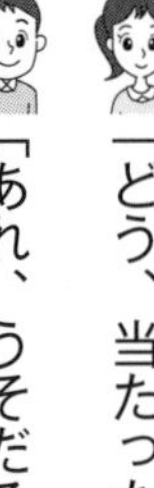

「どう、当たった？」

「あれ、うそだろ…」

「やっぱり今年もダメだったのかぁ。」

「当たった…。宝くじ100万円当たったぞ！」

「えっ？　ホントに？」

「うん、ホント！　せっかくだから、みんなにおこづかいをあげよう。」

「わーい。何買おうかな。」

「ちょっと待って。宝くじって、税金かからないのかしら？」

所得税は、個人が得た所得に対してかかる税金です。基本的な構造は、収入という、入ってくるお金などから、（必要）経費という、収入を得るためにかかった（支出した）費用を差し引いた残りである所得に対して、一定の税金の支払いが必要となるものです。

では、すべての所得に所得税がかかるかというと、実はそうではありません。所得税がかかる取引には該当するけれど政策的にかからない扱いにするものや、税金がかかることが馴染まない性質のものには、税金がかからないようになっています。このような税金がかからないことを、非課税といいます。

懸賞、福引の賞金品や、競馬・競輪の払戻金といった所得のことを一時所得といい、金額によって所得税がかかります。一見すると、宝くじの当せん金もこの中に含まれそうな気もしますが、非課税となります。

なぜなら、当せん金付証票法（通称、宝くじ法）という法律の第13条に、「当せん金付証票の当せん金品については、所得税を課さない」、と決められているからです。この当せん金付証票こそが宝くじのことを指していて、よって、宝くじには所得税がかからないというわけです。

会社に勤めている人の場合、給料から所得税と住民税が差し引かれるように、通常、個人の所得には所得税のほかに住民税がかかりますが、非課税とされる宝くじの場合は、所得税も住民税もかかりません。ただし、当せん金として得たお金を親族などにあげると、贈与税という種類の税金がかかる対象になります。

また、宝くじの収益金の一部は自治体の財源として使われていますので、私たちが購入代金として支払ったお金は、税金と同じような意味合いをもっています。だから、非課税とされているのです。

宝くじと同じような機会は諸外国にもありますが、非課税が世界の常識というわけではなく、課税される国や地域も存在しています。

税金がかからない賞金とは

宝くじの当せん金以外にも、所得税が非課税になるものがあるんだ。ノーベル賞の授賞者がノーベル基金から受ける賞金などがそうだよ。オリンピックやパラリンピックのメダリストが、日本オリンピック委員会（ＪＯＣという）などから受ける報奨金なども、限度はあるけど非課税になるんだ。それから、赤彦お父さんや橙子お母さんが会社からもらう通勤手当も普通は非課税になるよ。これらは、所得税法の中に非課税になるものとして書かれているよ。

15 外国人観光客が免税店で買い物をするのはなぜ？

「じいちゃん、早く来てよー！　おそーい、おそーいっ！」

「青央、まっとくれ……、ハアッ、ハアッ！　ホントに、6年生ともなると、歩くのが早いのぉ。」

「なんだろう、あれ。じいちゃん、あそこにすごい行列ができてるよ。」

「ああ、あれは、きっと免税手続きをしてるんじゃな。」

「めんぜい？　それ、なあに？」

「うっほん。税金が免除されるんじゃ。」

「なんで？　それに、海外からの旅行者っぽい人ばっかりだよ。なんの税金が免除されるの？」

「なんでか…。そこまでは、まったくわからんのじゃ！」

「えー、知らないの…。」

訪日外国人観光客の多くが買い物をする場所でよく見かけるのが「Japan. Tax-free Shop」の文字です。日本語で言うと、免税店です。

免税とは、商品の代金にかけられている税金が免除されることです。日本の場合、消費税が免除となります。ということは、免税を受けられる人に限っていえば、消費税分の得はあるといえます。消費税を免除して販売できるお店のことを免税店といい、消費税の取扱いを定める法律の言葉でいうと、輸出物品販売場といいます。税務署に申請して許可を得た免税店だけが、免税販売を行うことができます。

では、誰が日本で免税を受けられるかというと、非居住者と呼ばれる人たちです。外国人の場合は原則として対象になりますが、日本国内の事務所で働く人や、日本に入ってから6か月以上経った人たちは対象から除かれます。非居住者は日本人でも当てはまる場合があり、たとえば外国にある会社や、日本の会社の海外の拠点などで働くために出国して海外に長期に滞在している人などが含まれます。

免税となるのは、洋服、家電、食品、化粧品といった生活で使われるような品物を、同じ非居住者が同じ店で1日5、000円以上の買い物を行った場合です。品物、金額には一定の制約がかけられています。

手続きの大まかな流れとしては、パスポートなどの提示と非居住者であることの確認、書類の作成とサイン、商品の包装と引渡し、出国手続きをして、ようやく免税店で購入した品物を国外へ持ち出せます。

消費税は日本国内の消費に対して課せられる税金ですから、免税手続きを済ませた品物は包装されたまま開封せずに、国外に持ち出す必要があります。裏返せば、日本国内で消費されないから日本の消費税が免除されるわけです。日本人が海外旅行する場合も、消費税（同様の付加価値税という名前で浸透して

（出所：観光庁ＨＰ「消費税免税店サイト」）

いる国もあります。）が免除される場合がありますよね。

Tax-free Shop と似たような言葉に、空港などでよく見かける Duty-free Shop がありま す。免税という意味では同じなのですが、後者は消費税だけでなく、酒税、たばこ税、関税も免除されます。日本から国外に出国する人が出国手続きを済ませた後は、いる場所は日本国内でも、出国先にいるわけでもありませんので、法律上どの国にも属さず、税金が免除される保税地域と呼ばれる場所にいる扱いとなり、無税の状況が生じます。この場所での購入物は、税関を通って国外への持ち出しが認められるものですので、市中免税店といわれる街中でみかけるような免税店には、Duty-free Shop はほぼなくて、基本的に空港型免税店といって税関のある空港などに販売の場所が限られています。ただし、日本国内にも空港型市中免税店といわれる、市中での購入品が Duty-free となる店舗が出現するようになりました。

海外からの旅行客がこうした免税店で買い物をする人が多いのには、免税分だけ支払額を安く抑えられるメリットがあるからなんですね。

16 自分のウチにあるモノを売ったら税金がかかる!?

「大掃除をしたらいらないモノがいっぱい出ちゃったわ。」

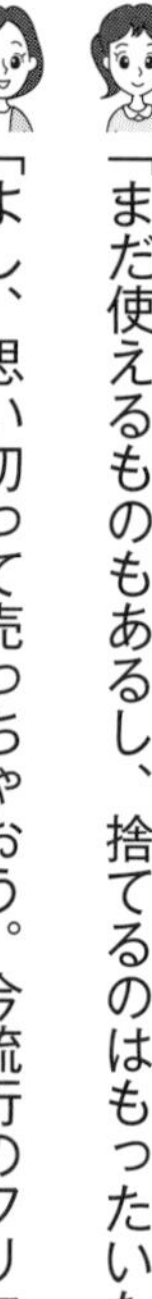

「まだ使えるものもあるし、捨てるのはもったいないね。」

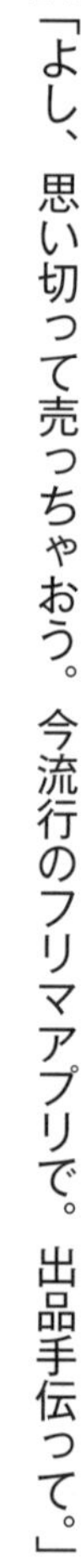

「よし、思い切って売っちゃおう。今流行のフリマアプリで。出品手伝って。」

「写真撮って。出品っと。あっ、早速売れたよ。」

「便利ねえ。家がキレイになって、お金が入って一石二鳥！　なんだかトクした感じね。」

「でも、もともと、ウチで買ったものなんだよね。新しくお金が入ったわけでは

ないような…。」

「うーん、確かに…。出したお金の一部が返ってくるような感じかな。いや、でも、お金に変わるし。いいじゃない。」

「ノー天気！　それに、売ったんだったら税金かかるかもよ。」

「え、税金？」

インターネットオークションや、フリーマーケットアプリなど、個人が手軽にモノを売り買いすることができる手段が増えています。個人取引で利用される方は多く、利用されたことのない方でもその存在くらいはご存知ではないでしょうか。たしかに、モノを売ってお金を得るということは、所得を得る行為なのですから、所得税という税金を支払う必要があるかどうかが気になるのも自然なことです。

ここでは、自ら商売を営んでいる人ではない、会社に勤めている人の例で考えてみます。会社に勤めている人は給料をもらって所得税や住民税などの税金を支払っているというのが基本パターンです。これに加えて、何か別の収入源がある場合に、副収入があるといいます。副業という言葉も浸透しましたね。

副収入の代表的なものが、インターネットなどを利用した個人取引による収入です。家にあるものがたまってきて、不要なものを処分する場合や、生活用に使っていた衣料品や家財道具を売った場合の収入であれば、所得税はかからないようになっています。このような税金がかからないことを〝非課税〟といいます。ちなみに、損しているという場合もあるかもしれませんが、その損はないものとみなされます。

非課税となるものは、難しい言葉ですが、「生活の用に供している」ものです。贅沢品や嗜好品の類に該当するもので、高額な貴金属などについてまで非課税とされるわけではありません。年末の大掃除をしていたら、古着になってしまったものや、使い古した家財などが見つかった、こうしたものであれば通常は対象になりそうだな、といったイメージです。

最近は、高く売れそうなモノをたくさん転売して副収入を得る個人の人が増えています。給料が主な収入源の人の場合、あくまで副収入先の一つという観点から、衣料品や家電、雑貨といった資産をA店で購入してから、別のB店で売るということが考えられます。このような場合、「生活の用に供している」ものの売買ではないので、非課税になりません。通常ですと、雑所得という所得税の種類の一つに該当し、これらの売買を通じて20万円を超える所得が生じるようであれば、確定申告が必要となります。

雑所得に該当すると、総収入金額（たとえば売ったお金）から必要経費（たとえば買ったお金）を引いた残りの儲け分が所得の金額ということになり、給料として得ている所得などと合わせて所得税を支払う対象になることがあるのです。

会社に勤めている人が副収入を得る機会は年々増えてきています。民泊による所得、仮想通貨の売却による所得、カーシェアなどによって自家用車を貸し出した際の所得、ベビーシッターや家庭教師といった個人のスキルなどを空いた時間で提供することによって得る所得などの副収入源も、雑所得として税金を支払う対象になることがあります。会社に勤めていて、給与天引きや年末調整だけで確定申告をしたことがなかったから、所得税を知る必要性を特に感じていなかったという人も、これからは、所得税に関する知識が必要となる機会が増えそうです。

17 ポイントカードが貯まるのは嬉しいんだけど、お店は損していないのかな？

「高幡さんもこのお店のポイントカード持ってるんだね。」

「だって、ポイント貯まったら1個無料なんて、おトクだもん。」

「これって、わたしたちは嬉しいんだけど、お店が損してると思わない!?」

「たしかにそうね。気前が良いのかしら?」

『(おつりもらって) ありがとうございます。』

「先生もここでお買物するんですね。あ、先生も持ってる、ポイントカード!」

『1個無料、もらっちゃった。』

「なんで1個無料なんてお店が損するようなことするのかな、って思ってたところなんです。」

『うんうん。それはね、……』

一定のポイントやスタンプが貯まったら商品の現物、値引き券など別の物、グッズなど様々な特典を用意しているのは、サービス業全般にいえる話ではないでしょうか。

もらうと嬉しい、また行きたくなる、あと少しだから期限までに何とか貯めたい、このように思ったことは誰しも経験があると思います。

仮にあるパン屋さんが、スタンプカードによるポイントシステムを採用していたとしましょう。1回の購入金額は500円、Aさんは1回だけの来店で二度と来店しない人、Bさんは2回の来店があっても次回の来店がない人、Cさんは3回来店し、3回目の来店時にポイントカードの特典として1個100円のパンが無料となります。パン屋にはパンをつくる材料やお店の維持費などのコストが毎回300円かかるとして、消費税などの税金は考慮しないことにします。通常、値引きの場合は売上代金からマイナスするのですが、ここでは便宜上、③値引きという欄を別に設けて状況が分かるように表示しています。

パン屋からみた儲けは、対Ａさんが２００円、対Ｂさんが４００円、対Ｃさんが５００円です。お店側としては、お客さんの１回あたりに使うお金が一緒なら、同じお客さんに１回来店されるより複数回来店してもらう方がトータルでのお店の利益は増えます。このお店で買えばポイントがつくし、ポイントが貯まったらおトクだから次も来よう、と思ってもらえる仕掛けとしてポイントやスタンプは活用されます。Ｂさんの来店は２回

	―	1回目	2回目	3回目	合計
Aさん	①売上	500円			500円
	②パン屋のコスト	300円			300円
	③値引き	―			―
	儲け（①－②－③）	200円			200円
Bさん	①売上	500円	500円		1,000円
	②パン屋のコスト	300円	300円		600円
	③値引き	―	―		―
	儲け（①－②－③）	200円	200円		400円
Cさん	①売上	500円	500円	500円	1,500円
	②パン屋のコスト	300円	300円	300円	900円
	③値引き	―	―	100円	100円
	儲け（①－②－③）	200円	200円	100円	500円

だからAさんの2倍の儲けです。次回の来店はありませんが、そもそもBさんはポイントが貯まるから通常なら1回で来店が終わっていたところ、2回通ってくれたかもしれません。ポイントに魅力を感じてもらえれば、将来的にくり返し来店するリピーター客となって、店の儲けに貢献してくれるお客さんになっていくでしょう。Cさんには3回目の来店時にパン1個を無料にしました。この分だけ値引きと同じ効果があるので、3回目の儲けは100円少なくなりましたが、儲けがないわけではありません。3回の来店によって3人の中で最も多い、計500円の儲けがお店には生まれました。

こうした仕組みを活用する際には、途中の儲けは少なくなるか、たとえ儲けが一時的になくなったとしても、通常は、お店全体では損しないような設計をしているはずです。お店としては、商品が売れても売れなくてもお店を維持するための家賃や従業員に支払う給料など出ていくお金がたくさんあります。ならば、一時的に多少損することを気にするよりも、お店が長く安定して儲かり続ける仕組みを作ることが大切です。

実際には、失効といって途中で集めることをやめてしまう人や期限内に集められない人などがいるため、ポイントの失効率を加味した金額を見積もって、これくらいの値引きや割引率であれば大丈夫、というような緻密な設定をしています。ちなみに、商売でいうところの値引きは、値を引く、つまり値段を安くすることをいい、割引は何割引きというように%を使った割合で引く、という違いをもっています。

多くのお店などでは、お客さんが1回あたりに使ってくれる額を増やすための工夫、来店頻度といってお店に来てくれる回数を増やす工夫をしています。来店頻度はさきほどの例でおわかりいただいたと思いますが、ポイントやスタンプを用意しているもう一つの理由が、何円以上でスタンプ1個などという扱いをしている場合です。何円という金額設定によって、1回あたりの1人のお客さんが使ってくれる額を増やそうという工夫です。500円以上で1個のスタンプならば、400円購入しようとするお客さんの中には、あと100円だけ買おうと思う人もいるはずです。1人のお客さんが（1回の来店で）いくら使うか、という金額を客単価や、単に客単といいますが、客単価と来店頻度がサービス業の生命線になってきますから、こうした戦略が長く有効とされてきたわけですね。

2倍ポイントの日、毎月1回の感謝デーなど、多くの商売人がお客さんを喜ばせながら、戦略的に、販売をより効果的に行うことを常に考えています。私たちにとってこうした還元は嬉しいサービスですが、サービスを受けるまでに、きっと、相応のお金をそのお店に使っていることでしょう。

POINT CARD

18 お年玉は贈与になるの？

「あけましておめでとう。はい、お年玉。大事につかうんだよ。」

「あけましておめでとうございます。わーい、ありがとう！　あっ、でも…」

「どうしたの、気になることでもあった？」

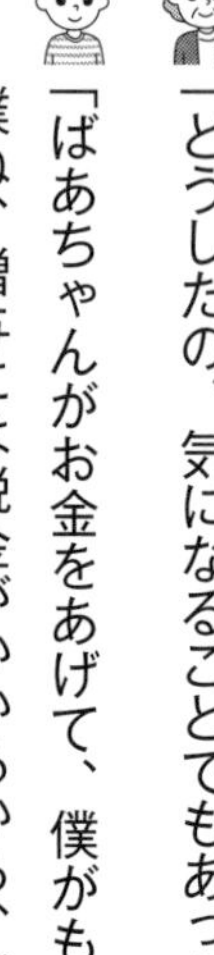

「ばあちゃんがお金をあげて、僕がもらう。これって、贈与っていうんだよね。僕ね、贈与には税金がかかるから、贈与税っていうものを、もらった側が支払うって聞いたことがあるんだ。じゃあさ、僕がお年玉をもらったら、贈与税を支払わなければならないんじゃないかなって思って。お金減っちゃうのかな…。」

「お年玉に贈与税？　長年生きているけど、そんなこと聞いたことないよ。」

贈与は、簡単に言ってしまうと、AさんがBさんにお金をあげますと言い、Bさんがもらいますと言うことで成立する行為です。民法という法律の言葉を借りながら説明すると、当事者の一方がある財産を相手に与える意思を表示して、相手が受諾すれば効力を生じる、という内容となっています。

お年玉はどうでしょうか。お年玉をあげる人が（当事者の一方が）、通常はお金で（ある財産を）、子供や孫に（相手に）、はい、お年玉といってお年玉袋を渡そうとし（与える意思を表示して）、相手は渡されたお年玉袋をガッチリつかんで離さずニコッとする（相手が受諾する）光景が想像できます。先ほどの民法の言葉から判断すると、これは、まぎれもなく贈与ですね。

次に、贈与には税金が大きく関係します。贈与税は個人から財産（お金など）をもらったときにかかる税金で、原則として、贈与を受けたすべての財産に対して贈与税という税金がかかります。お正月に受け取ったお年玉は、親、祖父母、親戚などといった個人から通常はお金で受け取りますので、贈与を受けた財産です。ということは、税金がかかるということです。

さて、困りました。お年玉を受け取った子供たちは、お年玉から税金を支払った残りが使えるお金となれば、いくらの税金を支払うかによって、使えるお金がほとんど残らないかもしれません。そこで、ひとつ前の段落の文章を見返すと、「原則として」という言葉があります。裏返せば、例外がありそうです。

贈与税の実務の世界では、贈与だから原則として贈与税がかかるけれど、財産そのものの性質や贈与の目的からみて、贈与税がかからない例外を認めています。

社会通念上相当と認められるものについては、そもそも贈与税はかからないとしているものがあります。その中の一つに、個人から受け取る年末年始の贈答などの金品があります。

お年玉は年始に個人から受け取る、主に現金による贈答ですね。社会通念上相当であれば、贈与税はかからないということは、お年玉として受け取った額が、社会通念上相当な金額ならばOKと言い換えられそうです。そこで、社会通念上相当な金額について、もう少し検討します。

「社会通念上相当」とは、とても抽象的な言葉ですが、その時代において世間の誰からも認めてもらえる、というイメージです。このお年玉の金額だったら、世間の誰もが贈与税がかからないとしても納得できるけれど、ある一線を超えると、「そりゃ贈与税がかかって当然だ」、とみんなが思うような金額を指すと考えられます。

数千円なら大丈夫でしょう。数万円でも年齢によっては可能性のある金額です。50万円だとどうでしょうか。きっと、ほとんどの方が、それは本当にお年玉かどうか、疑うでしょう。社会通念上相当とは、金額について、具体的に明らかにしたものではありませんが、常識的な範囲で考えてくださいというメッセージの裏返しだと考えるとわかりやすいですね。

もし、お年玉について、贈与税がかかる財産になる程の高額だとしても、直ちに贈与税がかかるわけではありません。一定の金額までは贈与税を支払わなくてもかまわないという範囲が設けられており、現在、110万円（以下）となっています。仮に50万円のお年玉が社会通念上相当とはいえず、贈与税のかかる財産に含まれたとしても、ほかに贈与を受けた財産がなければ、110万円の範囲内なので贈与税という税金の支払いまでは必要ありません。

お年玉は贈与ですが、社会通念上相当と認められる範囲であれば、そもそも贈与税のかからない財産だけれど、社会通念上、相当ではない金額をもらった場合は、仮にお年玉しか贈与を受けた財産がなければ110万円までは贈与税の支払いは要らないものということです。

私が子供の頃は、まさかお年玉が贈与だったとは全く考えたこともありませんでした。意外にも身近なところに税の世界あり、ですね。

19 家族で行った初詣のお賽銭は寄付になる？

「ばあちゃん！　どんなお願いをしたの？」

「ふふっ、内緒、内緒じゃよ。」

「（パンッ、パンッ）お願いします。これでよし！」

「今年も良い1年にしていこうね。」

「お賽銭ってさ、お金あげるんだよね。なんだか寄付っぽいね！」

「いわれてみればそうじゃな…。どうなってるんじゃ？」

「たしかに寄付っぽい。だったら、あれ、税金が安くなるっていう寄附金控除とかいうものがなかったかしら？」

「あっ、お〜いっ、せんせぇ。」

『やあ、皆さん初詣のお帰りですね。昨年は大変お世話になりました。今年もよろしくお願いいたします。』

「クーン!」

「明けましておめでとうございます! 今年もよろしくお願いします。パープルと一緒にいてくれてありがとう。でね、さっき、こんな話をしていたんだけど…。」

神や仏に対するお礼の気持ちを込めてお金を奉納する意味を持つお賽銭。特に、初詣の時期には各地でよくみかけます。あくまでお礼のための奉納で、見返りを求めずに、神社仏閣にお金を無償で提供しています。家族で初詣に行ったときに個人で行うお賽銭、これは、個人による神社仏閣に対する寄付に該当します。やはり、寄付なのですね。

お金を出して寄付すると、寄付をした額に応じて、税金の額が少なくなるような恩恵を受けられる〝寄附金控除〟という個人の所得税の制度があります。この控除の名前は、寄付ではなく、寄附と難しい漢字を使用します。寄附金控除は、所得控除（くわしくは⑩参照）と呼ばれるものの一つです。所得税は、収入から（必要）経費を差し引いて得られる所得に対して税率を掛けて計算します。所得控除は、本人や家族のような人や、物や事柄に関する事情を個々に加味して、所得から事情を考慮した分だけの金額を差し引く制度です。すると、所得から所得控除の金額を差し引いた分だけ、所得の金額が少なくなり、その後税率を掛けて求める所得税額も少なくなるという仕組みになっています。所得税を少なくする仕組みには、さらに、所得税の金額から直接税金を減額できる、税額控除という別の制度もあります（くわしくは⑩参照）。寄附金の控除を受けるときは、所得控除と税額控除のどちらかを選択して適用できる場合があります。

　寄附金控除を受けられるのならば、支払税額も少なくなるわけですが、お賽銭はどうでしょうか。

　個人の寄付に寄附金控除を適用できるケースは、特定寄附金というものの支出に該当した場合に限定されています。特定寄附金は、国、地方公共団体（地方自治体）、公益社団法人、公益財団法人、日本赤十字社、認定NPO法人などの相手に対する寄附金のことをいいます。この中にお賽銭の寄付先である、神社仏閣は含まれません。よって、個人のお賽銭は寄付には該当するけれど、寄附金控除は受けられないという結論になります。

寄付を受ける方の神社仏閣側は逆に収入を得ますが、お賽銭による収入分については税金がかかりません。神社仏閣によくみられる宗教法人という組織では、お守り、お札、ご祈祷など、自ら進んでお金や物を差し出す喜捨（きしゃ）とされるものや、本来の宗教活動によって得た収入には、通常税金がかからないなど、税制上の優遇を受けているからです。ただし、今後はキャッシュレスによるお賽銭行為の拡大も考えられ、寄付行為の概念にも影響を与えるかもしれません。

20 一人暮らしの子供へした仕送りに税金はかかる？

「先生、河原さんの相談にのってあげてほしいんです。」

『もちろんいいですよ。河原さんのお子様は進学で東京に行かれたのですね。まずはご入学おめでとうございます。』

「ありがとうございます。それで、一人暮らしって物入りですよね、特に最初は。だから、当面の生活費として、毎月5万円程度の仕送りは続けようと思っているんです。」

『なるほど。一人暮らしの学生さんへの仕送りは結構よくあるケースですね。』

「それで、仕送りってお金を振り込むわけじゃないですか。私から子供にお金を

あげるようなものと考えると、贈与になって、贈与税を払わないといけないものかと…。」

『では、考え方を橙子さんも一緒に見ていきましょう。』

進学を機に遠い地で暮らす学生さんも多いと思います。多額の学費に加えて、生活費の負担も考えなくてはならず、アルバイトをするとしても、学生の本業は学業ですから、当面の生活費を支える工夫は必要です。そこで、親は、毎月の生活費や教育費に充てるためのお金を金融機関へ振り込むなどをして、子供を経済的に支えることがよく行われます。これがいわゆる仕送りです。この場合、一見すると、親から子供にお金が無償で渡りますので贈与のように思われますが、どうなのでしょうか。

一人暮らしをしている学生が、たとえば親から仕送りで現金を受け取ったとすると、この現金を与える、受け取る行為は贈与です。贈与税は原則として贈与を受けたすべての財産に対してかかるので、仕送りのお金にも原則として贈与税がかかるものと考えられます。しかし、「原則として」なので、例外もあります。

親子や夫婦、兄弟姉妹といった扶養義務のある人から生活費（日常生活に必要なお金）や教育費（学費や教材費のほか文具費など）に使うために得た財産で、通常、必要と認められるものには、贈与税はそもそもかからないとされています。

経済的には自立していない子供を扶養する義務が親などにはありますし、学業のために進学している学生にとって、生活費や教育費を支えるための経済的支援はとても心強いものです。金額がいくらまでと明記されているわけではありませんが、一人暮らしをする中で普通に過ごす程度の生活費や学業そのものにかかる費用については、いくら仕送りされた贈与財産とはいっても、贈与税のかかる財産からは除きますよ、という性格をもっていてもおかしくはないはずです。

ただし、生活費や教育費のための仕送りという名目で渡されたものでも、預金や株式、不動産の取得にあてているなど、生活費、教育費に使う以外の使途にあてていれば、贈与税がかからないとする趣旨に反する行為なので、贈与税はかかります。

ですから、一人暮らしを始める学生と扶養義務者は、生活費や教育費としていくらの支えがあればよいのかよく相談して、仕送りをはじめたら、生活費や教育費として使っているかを互いに確認しながら、充実した学生生活を送ることができるように努めるのが良いと思います。

21 住んでいる地域によって税金が違う？

「ねえ、お母さん。将来、就職を機に家を出て新しい地域で暮らすとするじゃない？」

「……うん、そのときはさみしいけど仕方がないわね。でも、場所ありきじゃなくて、ちゃんと、明確な目的なり目標なりを持ちなさいね！　じゃないと、何で今ここで、こんなことしてるんだろうって、自分を見失っちゃうからね。」

「うん、ありがと。それでね、○○市とか住んでみたいんだ。おしゃれな町であこがれるなぁ。」

「あら、いいじゃない。でもあそこは税金が高いって聞くわよ。」

「ええっ、住む地域で税金って変わるの!?」

国が税金を国民に課す中心になる場合の税金を国税、地方自治体が税金を市民に課す中心になる場合の税金を地方税と呼んでいます。私たちが暮らす日本では、大きく国税と地方税という2種類の税金があるわけですが、私たちが支払うときには、国に支払う、地方に支払うという、お金の行き先のようなイメージです。

例えば、所得税や、会社の所得にかかる法人税は国税です。国にみんなから集めた税金が到着し、国がいろんな政策を考えながら適切なところにお金を割り振っていきます。

地方税は住民税に、固定資産や自家用車の所有者が支払う固定資産税、自動車税などです。こちらは、都道府県や市町村などの自治体にお金が集まって、より住民や市民目線で必要と考えられる事業にお金があてられます。

国税は国単位ですから、どの地域に属していても基本的に異なることはありません。

これに対して、地方税は各地方自治体の条例に基づいて税金が課されています。ただし、各々の自治体が税金の種類や税率を決めてしまうとすると、あまりに地域間の均衡がとれなくなってしまいます。そこで、地方税法というおおもとの制度が決められている法律があります。この法律の範囲内で条例が制定され、実際の運用が行われる立て付けとなっています。

地方税の代表的な個人の住民税の場合、所得の大きさに応じて税金の支払い額が変わる所得割と、基本的に誰でも一定額を支払う均等割の2種類の税金があり、それぞれ道府県民税（都民税）と市町村民税（特別区民税）に分かれています。多くの地方自治体では道府県民税と市町村民税を合わせた所得割が10％、均等割が5、000円です。しかし、**表❶**のように地方自治体によって異なる税率を定めている場合があります。

このように、税率や税金は決して全国一律ではないことがよくわかります。地方自治体によって、異なる税率や税額を適用する主な理由は、水や森林資源の保全のために財源を確保する必要があるからです。こうしたことから、地方税には地域別に税率や税額の違いが現れています。なかには、東日本大震災の復興財源に充てるために、全国的に均等割が1、000円引き上げられるなどの措置がとられる場合もあります。

こうした違いという意味では、税金よりもむしろ、健康保険料といった社会保険料の方が地域差は出やすくなっています。

健康保険制度では、たとえば、全国健康保険協会の場合には都道府

表❶

道府県民税 市町村民税　合計	所得割	均等割
地方自治体の標準値	10%	5,000 円
神奈川県	10.025%	5,300 円
横浜市	10.025%	6,200 円
愛知県名古屋市	9.7%	5,300 円

県ごとに保険料率が異なります。全国健康保険協会が公表する２０２０年４月納付分から適用される保険料率によると、全国平均は10％です。しかし、表❷のように、都道府県ごとに保険料率にはばらつきが生じていることがわかります。

都道府県ごとの保険料率に違いが出る主な理由は、各地域における医療費支出の額の違い、特定健診や特定保健指導の取組結果、といった要素が加味されて保険料率が決まるからです。地域の医療費の大小が保険料率に反映されることから、今後の保険料率の上昇を抑えるために、たとえば、地域における疾病予防への取組みなどによって医療費を抑えていくことも重要といわれています。

住んでいる地域によって税金が違う、という疑問は、地方税だけでなく、社会保険料なども合わせた総支出額でみたときの地域差のイメージがあるので、税金の地域差が大きいと誤解されている可能性はあると思います。

表❷

都道府県	保険料率
佐賀県	10.73%
北海道	10.41%
⋮	⋮
富山県	9.59%
新潟県	9.58%

22 消費税が上がるとお客さんがお店に払うお金が増えるからお店が儲かるの？

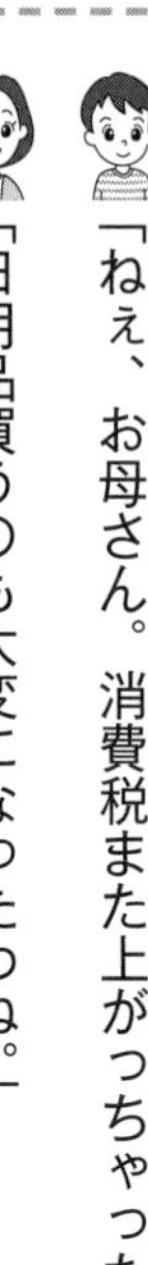

「ねぇ、お母さん。消費税また上がっちゃったね。」

「日用品買うのも大変になったわね。」

「僕ね、前から不思議に思っていることあるんだ。聞いてもいい？」

「うん、いいよ、なに？」

「消費税が上がると僕たちのお買い物のお金って消費税込みで払ってるじゃん。物の金額が上がっていなくても消費税の上がった分だけ、支払う金額も上がるんだよね。」

「そうそう、だから大変なのよ。」

「それって、お店が儲かるってことにならないの？　だって、お店に入ってくるお金、増えるんでしょ。消費税ってお店を儲けさせるために支払う税金なのかな？　なんか、わかんなくなっちゃって。」

「消費税って税金なのよ。だから儲けているわけではないと思うんだけど、そう言われると、自信ないわ。」

『なるほど。実はね、結構良い着眼点かもしれないんですよ。』

消費税が上がるとどうなるのか、そして、誰がどうやって支払っているか、あまり考えることはなかったかもしれません。図のような仕組みになっています。

紙の原料を作っている会社がティッシュを作っているメーカーに税込１１０円で紙の原料を売ります。ここで、税金の10円分は紙の原料を作っている会社が税務署に支払います。税込

110円で仕入れた紙の原料を使ってティッシュを作ったメーカーは税込165円でスーパーマーケットにティッシュを販売します。メーカーはティッシュをスーパーマーケットに売った分の消費税15円から、仕入れた紙の原料の消費税10円分を引いた、5円を税務署に支払います。紙の原料の消費税10円分は、すでに紙の原料を作っている会社が支払済みですから、ここでメーカーがこの分を払ってしまうと二重に税金を支払ってしまうことになりますので、それを回避するために、こういう仕組みを取っているわけです。最後に、スーパーマーケットは仕入れたティッシュをお客さんに税込220円で販売します。消費税20円から10円（紙の原料を作っている会社が支払済み）と5円（メーカーが支払済み）を差し引いた残り

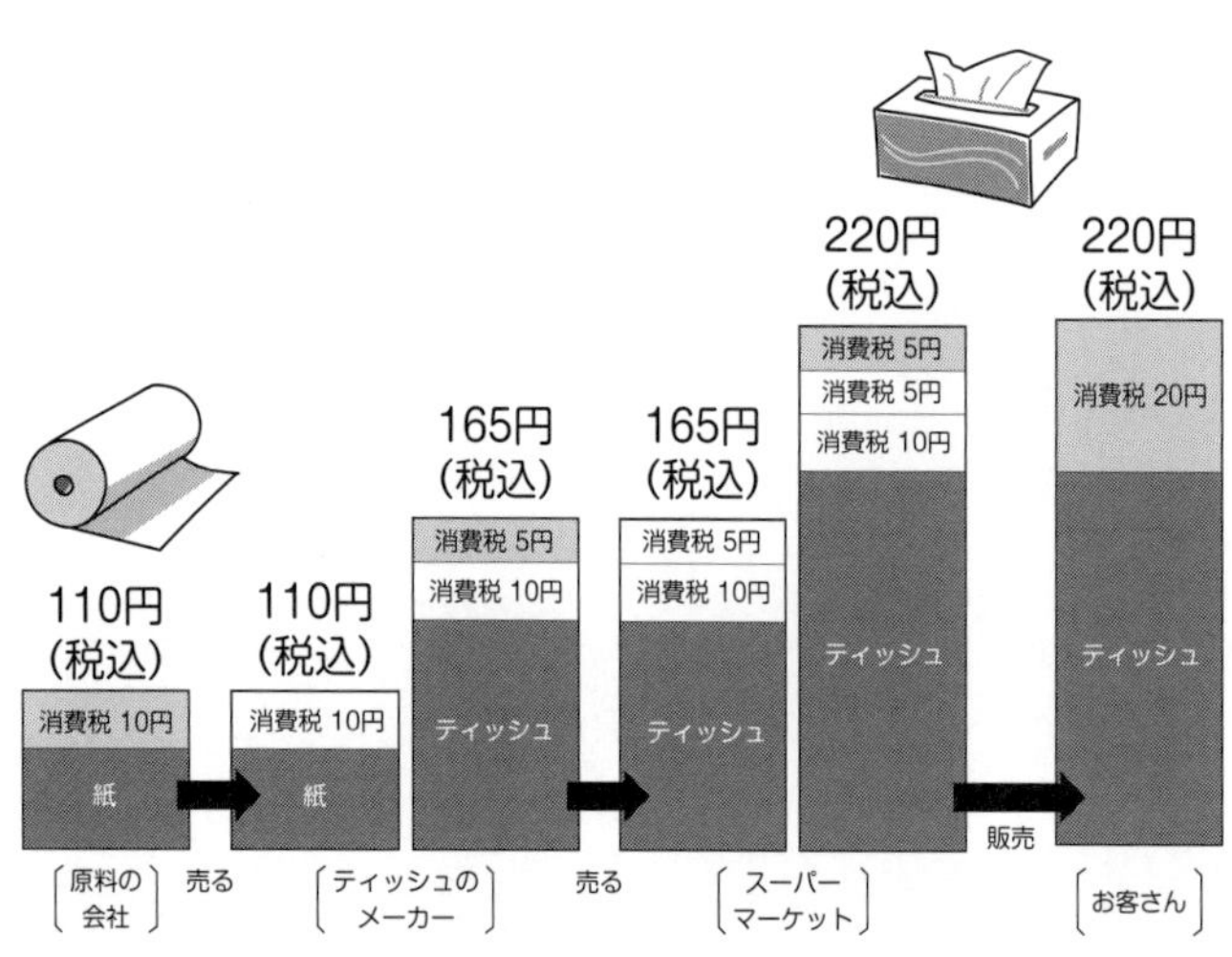

の5円を税務署に支払います。これは、20円の売った代金に対応する消費税から15円の買ってきた消費税の差額と同じになります。こうして、紙の原料を作っている会社が10円、メーカーが5円、スーパーマーケットが5円、それぞれに消費税を支払うというのが消費税の仕組みです。そして、税金の支払いはそれぞれの段階で支払済みですが、合計20円の消費税を最終的に誰が負担しているかというと、スーパーマーケットで税込220円のティッシュを買ったお客さんですね。

税金を負担するのは私たち消費者ですが、税金を支払う義務は別の人にあるとして、このケースのように税金を負担する人と支払う義務のある人が異なる税金のことを、〝間接税〟と呼んでいます。反対の言葉は直接税といって、税を負担する人と支払う義務のある人が一緒のものです。代表例は、所得税や法人税です。

もう一つ、消費税はそれぞれの段階でいくらの消費税を支払うかについて、紙の原料を作っている会社、メーカー、スーパーマーケットが自分たちで計算して支払っています。これを、〝申告納税方式〟と呼んでいます。自主申告で税金を支払うということです。これに対して、あなたはこの金額に決まったから、この額を支払ってくださいというものを、〝賦課課税方式〟と呼んでいます。固定資産の所有者が支払う固定資産税がこの方式を採用していますので、通知が来た段階でいくら支払うかが決まっていることになります。

では、消費税分お店が儲かっているか、という青央くんの疑問です。お客さんが負担する消費税20円を紙の原料を作っている会社10円、メーカー5円、スーパーマーケット5円で計20円、きっちり全額税務署に支払済みなのであれば、儲かっている人はこの中にはいませんね。

ちなみに、なぜ紙の原料を仕入れてティッシュをスーパーマーケットに売っているメーカーは、税抜きの金額150円から100円を差し引いた50円の差額の儲けが出るかについてですが、これは付加価値といって、紙の原料からティッシュという新しい価値を生むための努力をメーカー側で行った結果、50円の価値が上がったものとして生まれ変わった、だから150円になったと考えます。スーパーマーケットは仕入れたティッシュ自体に手を加えませんが、お客さんが他の商品も含めて見やすい、買いやすいように品ぞろえの充実したお店を構える、車で来店できるように駐車場を備えるなど、スーパーマーケットはスーパーマーケットでお店づくりや品ぞろえといった付加価値を生むように努力しています。こうして、お客さんはより便利なモノやサービスを納得する価格で購入しているわけです。

さて、消費税が上がるとお客さんがお店に払うお金が増えるからお店が儲かるのか、という疑問でした。一例を挙げると、毎年の売上が500万円ほどの個人商店がお客さんからお買い物の購入代金を消費税込みの金額で受け取るケースのように、年間の売上が1，000万円以下のお店などは、基本的に、消費税の支払いそのものの義務がありません。受け取った消費税分を支払わないのにお客さんから消費税分を含めた代金を受け取っているとすると、儲かるまではいかないのですが、お店に消費税分のお金が残ることは確かです。これは〝益税〟と呼ばれ、小さいお店などは受け取った消費税分の支払いを免れているので、そのまま全部手元に残っている儲けのようなものとなる、ということを意味します。

そうすると、青央くんの疑問はあながち間違っていないわけです。消費税の計算や支払い自体が手間のかかる事務手続きとなります。小さい規模のところはとりあえず免除しましょう、ということにしていますが、このように、お客さんは消費税を負担しているのに、お店には益税として残ることから議論にもなっています。将来もずっとこの制度が維持されているかどうかは分かりません。こうしてみると、税金の制度ってまだまだ完成されていないこともあるのだな、ということが分かります。

消費税のお金は消費者が負担する大きな税金ですので、そのお金がどのように使われ、どこに残っているかを考えることは、とても大切なことですね。

軽減税率って私たちにとって良いことなの？

「しょうゆと味噌は消費税率が8％で…。」

「みりんは、10％なのよね。何が違うのかしら。」

「はじめてのことだから、全然わからないね。」

「そうよね、困ったわね。はじまったものね、軽減税率。」

「なんで、軽減税率って必要なのかしら？」

日本では、消費税の税率が8％から10％に引き上げられたのと同じタイミングで、"軽減税率"という制度が始まりました。軽減税率は、特定の品目について低い税率を適用することです。基本的には10％だけど、この種類のものは特別に低い8％にする、ということです。8％と10％のように複数の税率が存在するので、複数税率制度と呼ばれることもあります。

消費税率が10％に上がるのであれば、一律に10％でよいのではないか、複数の税率があるとわかりにくい、軽減税率を設けるくらいならいっそのこと8％のままでいいのに、といった様々な声があります。いずれもおっしゃるとおりです。なぜ、軽減税率を設けるのでしょうか。

その大きな理由に、消費税には逆進性があるといわれているからです。消費税が10％ならば、10万円の買い物をすれば消費税は1万円です。消費税が免税になる人などを除けば、収入が少ない人も、収入が多い人も、お金をあまり持っていない人も、お金をたくさん持っている人も条件は一緒、誰もが1万円の消費税を支払うことになります。

ここで、収入が1，000万円のAさんと、収入が100万円のBさんの2人がいたとします。Aさんの収入の方がBさんの収入に比べて多いというパターンですね。まったく同じ買い物をしたとして、支払った消費税が仮にどちらも1万円だったとします。2人とも消費税として支払う額は一緒です。

このとき、不思議な現象がおきます。Aさんが収入の中から消費税を支払うための負担は1万円÷1、000万円なので0・1％です。しかし、Bさんが収入の中から消費税を支払うための負担は1万円÷100万円なので1％となります。消費税は収入があってもなくても、お金をたくさん持っていても持っていなくても、みんな同じ率の税金を支払います。しかし、Aさんのように収入の多い人は、消費税が1万円だったとしてもたくさん稼いでいるので、収入に対する負担の割合という点で考えると0・1％の負担で済む一方で、Bさんは1％の負担をしないと、同じ買い物ができません。

同じ条件のまま消費税が倍になったとしたら、Aさんの負担割合は0・2％に、Bさんの負担割合は2％となります。2人の負担割合の差は以前の0・9％（Bさんの1％の負担割合とAさんの0・1％の負担割合の差）から1・8％（Bさんの2％の負担割合とAさんの0・2％の負担割合の差）に拡大しています。収入の相対的に少ないBさんやお金があまりない人は消費税が上がれば上がるほど、収入の高い人などに比べて負担割合が大きくなること、これを消費税の逆進性といいます。

だから、低い所得の人であっても、日常的に買い物をするような、例えば、食べ物や飲み物などを軽減税率の対象とすることによって、消費税が上がっても逆進性の影響があまり出ないようにすることが、軽減税率導入の一つの理由だと考えられています。軽減税率が低所得者層対策だとよく言われるのは、こうした理由からです。

ほかにも、税率を上げると多くの消費者が購入を控えてしまい、消費が落ち込み、景気が冷え込んでしまうから、軽減税率の導入によって少しでも影響を緩やかなものにしようという政策的な意図も含まれていることが多いです。

このような説明を聞けば、軽減税率って低所得者にやさしいんだ、低い税率のものがあって消費者に嬉しいとの歓迎の声も聞かれるかもしれません。しかし、逆進性の考え方にしても、軽減税率の導入についても課題は多いといわれています。

まず、逆進性の考え方の場合ですが、収入の多い人やお金をたくさん持っている人は、そうでない人と比べれば、お金に余裕がある人の可能性が相対的に高いので、軽減税率の対象となるならないを問わず、たくさんの買い物をしている可能性も高いといわれています。この人たちの方が軽減税率という低い税率が適用されている品物も含めて、きっとたくさんの買い物をしているだろうから、結局、収入の多い人やお金をたくさん持っている人の方が、軽減税率の恩恵を受けていて、制度が考える逆進性の対策の逆をいっている可能性があると指摘されています。極端にいうと、低所得者層しか消費しないような品目のみに軽減税率を適用しないと、効果が薄れるという課題です。

次に、軽減税率の導入そのものの課題ですが、こちらは複数考えられます。軽減税率の対象品目を決める際に恣意性が入る可能性があり、特定の業界や政界との癒着が生まれやすい、税率を上げると国や地方自治体の税収が上がるが軽減税率によって税収は期待するよりも少なくなり、不足する財源を別で補わなければならない、制度が複雑になることで行政機関も含めた業務が煩雑となり様々なコストが増える、など挙げればほかにもあります。

主に低所得者層に対して有効と言われる政策はほかにも打たれていますが、日用品は10％の消費税率になりましたので、生活上の負担感は増しているはずです。だからといって、軽減税率の対象品目がこれ以上に増えてしまうと制度が複雑になることや、税収が減ってしまうなど、導入後の課題は多く残っています。

煩雑な制度を最初から用意するのであれば、消費税の仕組みでは設計は難しいかもしれませんが、たとえば、国内の地域別に異なる消費税率を適用して、東京都の消費税率は20％だが、○○県は5％など、人口や経済全体のバランスをふまえた視点から、東京一極集中とならない仕組みを構築するといった、国、地方のあり方を検討する中での、よりよい複数税率を模索する余地もあるかもしれません。

２０２３年10月からは、適用する税率や税額など法律で定められる事項を請求書に記載するインボイス制度の導入も予定されるなど、消費税を取り巻く環境は今後も変化していきます。

私たち国民が軽減税率を経験した今だからこそ、制度の良し悪しをふまえて未来にとってさらに税制が良いものとなっていくように、ここで議論を止めない姿勢が必要です。

24 3月になるとなぜかよく見かける〝決算セール〟

「あれ、このお店もだよ、お母さん。」

「うん？　なにが？」

「コレコレ！　セールの横にね、〝決算〟ってついてる。決算セールだって。変なの…。」

「そう言われてみると、3月にはよく見かけるから気にしていなかったわ。」

『こんにちは。お2人でお買い物ですか!?』

「あら、先生。ちょうどよかった。ちょっと聞いてもいいかしら。」

『もちろん。なんでしょうか。』

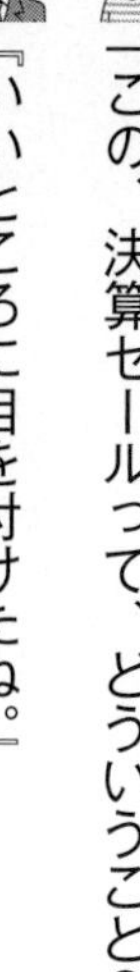

「この、決算セールって、どういうこと?」
『いいところに目を付けたね。』

決算セール、3月を中心に特定の時期によく見かけます。セールは、通常は、単に売ることを指すのでしょうが、安売りや大売出しのような意味で使われていることも多いと思います。では、セールだけでよさそうなところを、あえて「決算」をつけて決算セールというのはなぜでしょうか。

決算は、事業の1年間の終わりの時期のことを指します。個人は12月31日ですが、会社の場合は、1年の終わりのタイミングを自由に設定できます。日本では、特に4月に始まり3月に終わるという1年間を設定する会社が多いです。4月というと、1月と並ぶほど様々なことのスタートの時期で、会社の入社式は決まって4月に集中します。3月は卒業の定番時期ですから、4月に始まり3月に終わりを迎える1年は日本では馴染みやすいでしょう。3月決算の会社が多いのには、官公庁の年度が3月で終わることなども影響しています。

決算セールが3月に多いのは、多くの会社にとって1年間の終わりの月ですから、1年の成果を決める最後の月にもなります。きっと、ラストスパートをかけたい気分ですよね。まだ売れていない商品を一斉に処分して4月から始まる新しい1年間を迎えたい、最後に売上を大きく伸ばしたい、安く売ってたくさんのお客さんに来てほしい、1年間の集大成や締めくくりとして盛大に販売を展開したい、などの思惑があります。締めくくるぞ、というときに総決算という言葉を使うことがありますが、決算セールには、単に決算の月というだけにとどまらない奥深さを感じます。

お客さんにとっても、3月は新年度の準備など、何かと物入りな時期です。少しずつ日が長くなり暖かい日も出てくるこの時期に、寒い冬から比べだんだんと消費が上向いてくる傾向にあります。なので、自分の会社の決算の時期が3月ではなくても、周りに倣って、戦略的に、決算セールという世間で定着している言葉を使って宣伝し、盛り上がりに乗っかろう、という場合もあります。こうした理由もあって、3月頃になると全国的に決算セールという言葉を目にしやすいわけです。

決算セールにはここで大盛り上がりをして、1年間の成果を踏まえてしっかりと締めくくり、次の月からスタートダッシュするぞ！　そんなメッセージが込められているのかもしれません。

国は3月決算だよ

国にも1年間があるんだよ。会計年度といって、お金が出たり入ったりする区切りを設けていて、日本の会計年度は財政法という法律で、毎年4月1日に始まって翌年の3月31日で終わると定められているんだ。つまり、国は3月決算ということだね。国の1年間が3月末に終わるから、学校も3月で終わり、会社も国の1年間に合わせるように3月決算会社が多くなるのも頷けるよね。

25 土地は売っても買っても消費税がかからない？

「あれっ!?　お母さん、ここの土地、売りに出ているね。」

「あらホント。ねえ、知ってた？　土地を売っても買っても消費税、かかんないのよ！」

「もちろん、知っているとも。じゃあ、なんで消費税がかからないのか、理由は知っているかい？」

「え、それはね、えーと…。」

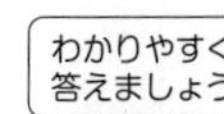

土地の売り買いをするときの売買価格には、たしかに消費税はかかりません。消費税がかからないこのような取引のことを〝非課税取引〟といいます。結論としては、これで終わりなのですが、ある取引では消費税がかかり、ある取引では消費税がかからない、なぜかと言われれば不思議ですよね。

消費に対する負担を求めるという消費税の性格になじまないものや、そもそも政策上の配慮などから課税をしない方が良いのではないかというものについては、消費税がかからない非課税取引とされています。

土地については、前者の、消費に対する負担という観点からなじまないと考えられています。土地の上に建物が建っている状態で考えてみましょう。

建物は、経年劣化によって、使っていても使っていなくても価値が減少するものと考えられています。使わずにほうっておいても徐々に状態は悪くなっていくはずです。使って無くしていくことが消費と考えられるならば、長い期間をかけて、建物も消費していずれ無くなっていくものだ、と考えるのが自然です。

一方、土地についてみていきましょう。土地の価格は場所や近隣環境といった数々の要因によって価値が変動しているだけで、純粋に土地のみをみれば、建物と同じ条件下で１年後に何%経年劣化、2年後にはさらに何%経年劣化ということは起こりえません。つまり、土地は消費をするものではなく、土地の取引とは、単に誰かから誰かに、持ち主が移っているだけと考えます。だから、消費に負担を求める消費税の性格からすると、土地を売ったり買ったりする行為は、消費税のかかる対象にはならないわけです。

土地を貸し借りする場合も、基本的には非課税取引とされます。ただし、駐車場の貸付や1か月未満の土地の貸付の場合に消費税がかかるなど例外はあります。

ちなみに、政策上の配慮などから課税されないものは、学校の授業料や学校教育の中で使用される教科書代、風邪で病院にかかった際の医療費など、社会保険医療の給付を受ける際などに適用されています。

マイホーム売買の消費税

建物を売ったり買ったりすると普通は消費税がかかるけど、例外もあるんだ。たとえば、個人同士でマイホームを直接売り買いするときには、建物の消費税がかからないんだよ。土地の売り買いには消費税がかからないよね。ということは、この場合、土地も建物も消費税がかからない取引だね。難しいコトバでいうと、税金を課される事業者が事業として行う取引ではないから、建物の売買だけど消費税はかからないんだよ。

26 印税ってどういう税ですか？

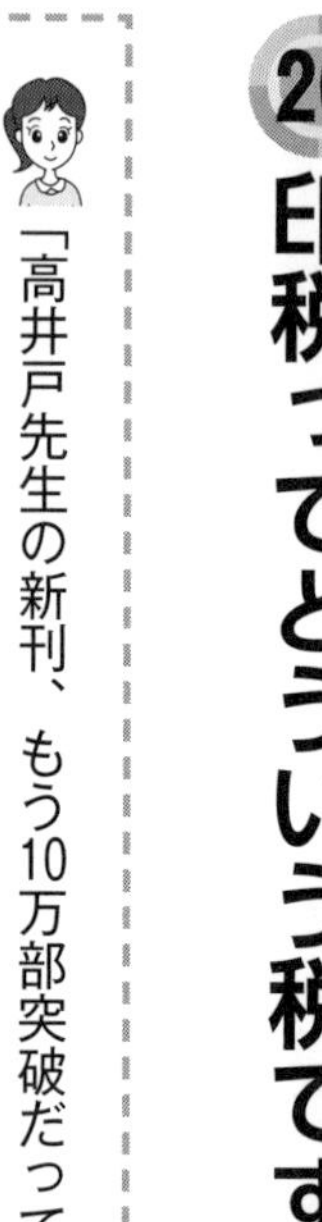

「高井戸先生の新刊、もう10万部突破だって！　おもしろかったもんね。」

「すごいな。印税がっぽりもらえるんだろうな。」

「ねえお父さん。いんぜい、ってなあに？」

「本とか、マンガとか書いた作者が出版社からもらえるお金のことだよ。」

「ふーん。じゃあ、高井戸先生は出版社から税金をもらってるの？　いんぜいのぜいって、税金の税のことでしょ？」

「いわれてみれば、税ってつくわね…。」

「でも払うものではなくて、受けとるものだよね。税金ではないいんじゃないかなあ。」

印税のように、ナニナニ税という言葉は案外多いかもしれません。所得税、法人税、消費税、住民税などに始まるナニナニ税は確かに税金です。では、印税は？こういう機会に知っておくのは良いことですね。

税金は、儲け、財産、モノ、取引といった数々の対象にかかってくるもので、社会や生活、そして人々が豊かに、安全に暮らすために必要なものとされています。

基本的にナニナニ税という名前がついているので、一目でこれは税金だね、とわかるようになっています。

しかし、ナニナニ税の中には、税金ではないのに「税」が使われていて、意味が分からず浸透している言葉が探してみると案外あったりするものです。その代表例が、そう、印税です。

印税は、出版社が作品を使用するときに、その作品の著作権をもつ作者に支払う使用料のことをいいます。ロイヤリティともいわれています。小説家が書いた小説を出版社が書籍として出版するときに支払います。お金は出版社から作者に支払われますので、作者からすれば、これが作品の収入源になり、創作意欲につながってくるはずです。一方の出版社側も、使用料やロイヤリティとしての意味を持ちつつも、作品という価値のあるものを生み出してくれた作者への報酬と思っている感覚もあるのだと思います。

私は言葉の専門家ではないので、はっきりとしたことは言えませんが、印税と似ている言葉の印紙税（こちらはれっきとした税金です。）からきているといわれます。かつて書籍に検印紙を貼って、その枚数に応じて作者に支払う金額を計算していました。それが、印紙を貼って税金を支払う印紙税の態様と似ていることから、印紙税の略語としての印税という言葉が今も残り続けているといわれています。印税は、「税」はつくけど、国や地方自治体に支払う税金ではない、ということですね。

ほかにも、税がつくけれど、税金ではないものに有名税がありますね。有名な人は税金を支払うかのごとく、自らの高い知名度を得る代わりに代償も大きいですよ、という意味になります。プライバシーがなくなりやすい、行動が見られているので外を出歩きにくい、日頃の言動や行動に人一倍気づかうなど、制約が大きいことの例えを「税」というもので表現しているわけです。

支払う代償の大きさが税という形で表現されているのは何とも言えないところですが、支払いの態様を含めて税金以外にも税という言葉が浸透しているのであれば、ある意味でそれだけ私たちの生活や社会に税という言葉は溶け込んでいるのかもしれません。近い将来、どんな言葉の税が生まれてくるのか、なんだか注目してしまいます。

東京物語

昭和二十六年六月二十日　印刷
昭和二十六年六月二十三日　発行

定価　二三〇圓

著　者　柴崎〇〇

発行者　仙川〇〇

発行所　〇〇出版社
東京都千代田区〇〇-〇〇

27 プロスポーツ選手の「年俸の半分が税金に持っていかれます」のしくみ

「プロスポーツ選手になるのは大変だけど、ほんの一握りの成功者になったら、うんと稼ぐんだなあ。」

「ホントだよね。その時代、その人にしかできない高い能力に、魅せる上手さもある人たちって、惚れちゃうよね。稼いで納得という感じがするよ。」

「それになあ、今、そのスポーツ選手が、ニュースでな、年俸の半分が税金に持っていかれています、だって。今の税金ってそんなに高いのか!? いくら消費税が上がったっていっても、税金集めは、まだ足りないのか。もう、時代にはついていけんなぁ…。」

「いや、そこまでじゃないよ。ほら、これ見てよ、おれの給与明細。確かに健康保険やら、年金やら他にも払っているけど、そこまではないでしょ。」

「ほう、確かに、半分はないねえ…。」

所得税の計算のゴールは支払う税金の額を計算することです。例えば、プロスポーツ選手の場合、選手が得る年俸を収入、選手が雇う専属トレーナーへの給料など、自分の収入を得るために必要なかかるコストのことを（必要）経費といいます。ここでは単純に、収入から（必要）経費と所得控除を引いた後の課税所得金額に税率をかけると、所得税が出ると理解しておけばよいでしょう。所得控除の仕組みについては、⑩で解説していますかんたんにいうと、家族割や○○割のような制度で、収入から（必要）経費を引いた所得からさらに所得の割引を受けられる恩典のような性格をもつものです。

さて、プロスポーツ選手の年俸の半分が税金という話題は、税率が大きく関係します。税率を掛ければ所得税額が出るわけですから、税率が何％か?ということが影響しそうです。現在、所得税の税率は**表❶**のようになっています。

表の見方が少し難しいかもしれません。この表にいう課税される所得金額が195万円ならば、195万円×5％＝9万7、500円が所得税額、500万円ならば、500万円×20％－42万7、500円＝57万2、500円、5、000万円ならば、5、000万円×45％－4、796、000円＝1、770万4、000円というように、課税される所得金額を**表❶**の該当する欄に当てはめて、税率を掛けて控除額を引くという計算の仕組みです。課税される所得金額は、ここでは所得控除後の課税所得金額と言い換えてもらっても構いません。

5、000万円の人は1、770万円余りの税金を支払う、そう考えると、年俸の半分までとは言い過ぎの気もします。ですが、所得税のほかにも、東日本大震災の復興財源を確保するために、所得税の2・1％を上乗せして支払う復興特別

表❶　所得税の速算表

課税される所得金額	税率	控除額
195万円以下	5％	0円
195万円超～　330万円以下	10％	97,500円
330万円超～　695万円以下	20％	427,500円
695万円超～　900万円以下	23％	636,000円
900万円超～1,800万円以下	33％	1,536,000円
1,800万円超～4,000万円以下	40％	2,796,000円
4,000万円超	45％	4,796,000円

所得税や、住民税の計算で求めた課税所得金額に対して、道府県民税（都民税）と市町村民税（特別区民税）を合わせた所得割がおよそ10％かかる住民税（くわしくは㉑参照）のように、支払い対象となる税金はまだあります。これらを足していくと、きっと半分という表現は決して言い過ぎではありません。多額に稼ぎを得ている人たちは、半分に近いくらいの税金を支払っていることがよくわかります。

表❶をみると、税率は所得の金額が大きくなるにつれ、最も低い5％から最も高い45％まで、段階的に税率が増えていることがわかります。控除額も一定金額を超えるごとに段階的に増えています。こうした段階が設けられているのは、〝超過累進税率〟といって、所得の金額の区分が一定額を超えると、その超過した分に高い税率が適用される仕組みを日本の所得税で採用しているからです。

課税される所得金額が4、000万円だった場合を例に見てみましょう。4、000万円×40％＝1、600万円が所得税となるわけではなく、控除額2、796、000円を差し引いた13、204、000円が所得税となります。このような計算結果になるのには理由があって、実は、40％の税率が適用されるのは、1、800万円超～4、000万円以下にあたる4、000万円－1、800万円＝2、200万円分に対してのみということが、**表❷**の計算結果からわかります。課税される所得金額の区分ごとにそれぞれの税率を当てはめた所得税額の合計は、１３、２０４、０００円になりました。これは、低い所得金額には低い税率を、区分が上がった後の高い所得にはより高い税率を掛けた所得税額の合計額ということになります。

ここでもう一度、**表❶**の所得税の速算表に課税される所得金額が４、０００万円の場合をあてはめると、４、０００万円×40％－２、７９６、０００円＝１３、２０４、０００円となります。あら不思議、同じ結果になるように控除額がきちんと設定されています。このように、低い所得には低い税率、一定額を超える高い所得には高い税率を課す仕組みを、超過累進税率といいます。

表❷

課税される所得金額	税率	計算式	所得税額
195 万円以下	5%	195 万円× 5%=	97,500円
195 万円超 ～ 330 万円以下	10%	(330 万円－ 195 万円) × 10%=	135,000円
330 万円超 ～ 695 万円以下	20%	(695 万円－ 330 万円) × 20%=	730,000円
695 万円超 ～ 900 万円以下	23%	(900 万円－ 695 万円) × 23%=	471,500円
900 万円超 ～1,800万円以下	33%	(1,800 万円－900 万円) × 33%=	2,970,000円
1,800 万円超 ～4,000万円以下	40%	(4,000万円－1,800万円) × 40%=	8,800,000円
		合計	13,204,000 円

同じ税率を一律に適用する種類の税金がたくさんある中で、所得税については、より高い所得を得ている人は、高い所得の分については高い税金を支払ってください、というメッセージが込められているととらえることもできそうです。

所得税の場合、高い所得を得る人の高い税金は国が受け取ってから、より良い社会や人々の生活を支えるために使われていく中で、所得の低い人にも行政サービスを均等に受けられる機会が得られるように配分されていく、所得再分配の機能を持っています。高い所得の人の高い税金は世の中全体に還元されることを通じ、所得の低い人にもその機会は巡ってくるという仕組みになっています。

ノブレス・オブリージュという言葉があります。身分の高い貴族のような人たちは、高い社会的地位と引き換えに果たす社会的義務があるという考え方です。これと所得との混同はいけないかもしれませんが、ある意味で、高い所得を得ている人は、高い税率が適用されますが、正しく税金を支払って、社会に還元することによって社会的責任を果たすべき存在なのかもしれません。

28 税金がなくなれば嬉しいはずなのに、なぜなくならないのだろう？

「所得税、消費税、住民税、固定資産税、自動車税…。税金が重いわ。家計も苦しいいし、お小遣い減らそうかしら。」

「お小遣いが減るのは苦しいなぁ…。でも、きっと、税金だって、社会や誰かの役に立ってるんだよ。」

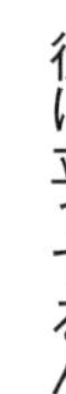

「そうよ！　税金が社会に果たしている役割を考えましょ。」

「そうだね。前向きに考えてみよう。」

税金を納める、支払うと聞くと、負担が軽くなる方が良いと考える方が多いのはごく自然なことです。しかし、税金があることで成り立っていること、暮らしが便利になっていることは生活の中で意外に多いものです。

例えば、公立学校での教育を受けられる機会、役所での手続き、警察・消防・救急の出動による事件の解決、災害の予防策と発見後の被害の食い止め対応、信号機や横断歩道の設置による交通安全、図書館から本の貸出しを無料で受けることなど、生活に欠かせないものばかりです。このような国や地方自治体による事業やサービスのことを、〝公共サービス〟ということもあります。もし、これらのサービスを、民間の力のみに頼ると、得意なこと、関心のあること、儲かること、成果がすぐに出ることなどばかりになり、サービスの種類に偏りが出てしまうかもしれません。景気が悪い時はお金がないから、事件が起こっても警察は出動できませんと言われたら、住民は不安で仕方がないですよね。好不況にかかわらず、より良い社会や豊かな生活を維持するために必要だとみんなが考えるような、社会全体に必要なことはいつでも備わっていることが望まれます。

そこで、私たちの支払う税金が国や地方自治体にいったん集められて、これらを現在や将来の地域、国づくりのために、適切に配分していきます。この配分のために国や地方自治体の機関があり、配分するための元手を得るために税金という仕組みが必要なわけです。

配分は適切なタイミングで、効果のある事業に、効果の得られる額を、適した場所や対象に、望まれる手段で講じられることが大事です。元手が税金という強制的に集められる市民や国民から託された大切な財産だからこそ、逆に無駄なタイミングで、無駄なところに、無駄な金額を、むやみやたらに、対象をはっきりしないか的外れな対象に、無駄な手段で講じることは許されないはずです。税金にかかわる公的機関や公共サービスを担っている人たちには、給料を含めて多額の税金が投じられていることを認識しながら社会や公共のために働く姿が、市民や国民から期待されています。こうした機関や人物像が公共サービスの担い手ならば、きっと世間からの信頼も厚いでしょう。

税金は、財産や所得といった課税される対象を細分化するとともに、異なる働き方、世代、収入、財産、家族構成にもかかわらず、一律に税金の支払いが生じることで課税が公平でなくなってしまう事態を解消するために、様々な種類の税金が設けられ、各種の軽減策などを講じています。可能な限り、すべての人が人生における不満や不安がなく暮らせるような社会を実現していくために、必要なお金を投じながら、バランスの取れた社会となるように、今この瞬間も使われています。

税金はとても大切なものであり、同時に私たち1人1人が支払っている税金で社会が成り立っています。時代に応じて、集まった税金の使い道は少しずつ変わっていきますが、税金は何らかの形で、暮らしや生活のため、誰かのために使われるべきものですから、なくてはならない制度です。何よりも、私たち自身が税金の使い道について、より興味や関心を持つことが、より良い未来社会を築くことに繋がります。

29 会社がお金を貯めるのはいいこと？

「人生100年時代というから、ウチの家計も真剣に考えないといけないな…。」

「そうね。長生きリスクに備えるために、現金や蓄えはあった方がいいわよね。」

「じゃ、貯金する、お金の無駄使いをやめるのがいいのかなあ。」

「貯めるだけではなくて、増やす努力もした方がいいのかしら？」

家計も会社もお金は大事ですが、会社がお金を貯めるのはいいことなのでしょうか。まずは、会社のお金の回り方について考えましょう。

会社がスタートする時に無一文では、全く経営ができません。そこで、たとえば、自分のビジネスの可能性を信じてお金を貸してくれる人や、お金を出してくれるスポンサーを探します。集めたお金を使って、製造業の場合なら、工場を建て、設備を導入し、原材料を仕入れて製品を作るでしょう。さらに、従業員を雇用し、販売するための広告など、様々な手段を講じるうちに、どんどんお金は減っていきます。

出ていくお金は将来に増えることを期待する先行投資です。お客さんに満足され、かつ、自分たちも損せずに手元のお金が増えるように、商売の価値に見合った値段で売る努力をします。いざ、販売するとお客さんから高い評価を得られました。作った製品はたちまちなくなりましたが、お客さんから受け取ったお金は当初集めたお金を上回るほど増えました。お金を貸してくれた人に一部を返済し、お金を出してくれたスポンサーに増えたお金の一部を還元して、資金の貸し手や出し手にも喜ばれました。

さらに商売を拡大するため、増えたお金をもとに、次の成長戦略を練っていきます。という具合に、商売を通じてお金を生み出すためには、商売の循環の中で、必要な時に、必要なだけお金を使うことが欠かせません。

ここで、増えたお金が商売の循環のために使われないと、どうなるでしょうか。お金の流れがストップすると、新たなお金が生まれにくくなります。お金の減りは少ないですが、成長よりも現状維持の優先度が高くなります。たとえば、給料を渋ると、良い人材が流出し、人材の確保が難しくなります。あまりマイナス効果ばかり考えなくてもよいですが、他社との競争の中で徐々に競争力が失われていく原因となります。

無借金経営やキャッシュ・リッチという言葉を聞いたことはあるでしょうか。お金を借りる必要がなく、潤沢なお金を持っている会社を指す言葉です。老舗企業や規模の大きい会社によくみられます。

このような会社が、人材や設備にもっとお金を出そう、新しい事業を育てるため開発に力を入れよう、海外の会社を買って世界進出しよう、というように、タイミングよくお金を使えば、将来を見据えた戦略的なお金の使われ方が期待できます。いわば、攻めのお金です。お金の回りがよくなれば、経済や社会が好循環し、消費者自身にも良い形で効果が波及するきっかけになります。

一方、お金には、景気の悪化や、商売が不調なときに備えて会社の体力を温存するための守りのお金としての側面もあります。しかし、守りのお金ばかりだと、お金が一向に使われず社会に向かわないので、商売のチャンスがあっても見過ごされてしまうことや、従業員の給料に反映されないなど、お金回りが悪くなる結果として、経済や社会が弱くなる要因となります。

過去の経営不振や社会情勢の悪化を経験した会社が今後のリスクを考えてお金の流出を避ける場合や、魅力的な投資の機会が見つからないなどの理由でお金が会社に貯まったままになることが考えられます。各社の判断は、時代の流れに応じたもので決して間違いではありませんが、社会全体に蔓延してしまうのは、お金の循環、産業や経済発展の面から決して良いとは断言できません。

日本では、近年、会社が利益の額に応じて支払う法人税の税率が大きく下がりました。税率が下がると、会社の法人税の支払い負担も軽くなり、手元にお金が残りやすくなります。このお金が投資に向かうだけでも、日本全体でみたときの効果は計り知れません。

かつて、日本の会社が世界経済を席巻していたように、現在は、米国や中国を中心にどんどん他国の会社が世界で存在感を高めています。いわゆるお金持ちの会社、がダメというわけではありませんが、未来の日本や世界のために、望ましいお金のあり方、使われ方が期待されそうです。

30 大企業とよく聞くけど、どんな会社のことですか？

「お父さんの勤めている会社って大企業？」

「まあ、世間では大企業って言われるね。もしかして、企業探しかな？」

「ん、うん、そうなんだ。でね、こないだ先生から大企業って教えてもらってね、だから聞いてみたの。」

「いいなぁ。先生から聞いた話、良い機会だから、お父さんにも教えて！」

「えー、自分で調べればいいのにー。……ま、いいけど。」

大企業と当たり前のように使われていますが、おそらく使われる場面によって、バラバラな扱われ方をしているのではないかと思います。

一つは、大企業イコール上場企業と位置付ける場合です。上場企業とは、通称ＩＰＯ（Initial Public Offering の略）と呼ばれる株式上場を果たして証券取引所で株式の売買ができるようになった企業群です。取引所という公の場所で株式という名の財産の価値が公表されている会社は、価値が見えない会社に比べ透明性が高いと言われています。

株式は会社の経営権の一つで、現金などの財産を提供した見返りとして権利としての株式を得ます。株主（株式を持つ人）同士が集う総会議である株主総会で議決権を行使する、配当という利得がある、株主優待を受けられる、会社の価値や成長に応じて株価という株式の値段が上がるので譲渡すれば利益が得られる、などの権利が与えられます。

なぜ上場企業の透明性が高いかというと、会社の決算に関する情報をはじめとして企業情報の開示が徹底されていること、ガバナンスといって会社自身が企業価値の向上を図りながら、健全な会社を維持するためのコントロールを自力で行う体制を整えるように制度上求められていること、不正やミスが起こりにくい仕組みを構築する責任が課せられていることなどが挙げられます。

実務上の課題はまだまだ多いですが、経営がガラス張りという点においては、上場していない会社に比べれば、あくまで相対的にですが、透明性、適時性、正確性といった様々な要素において優れていると実感しています。上場企業の中でも東京証券取引所の第一部、通称、東証一部市場に上場している企業群や、発行されている株式の総数に対象企業の株価を掛けた時価総額が上位の会社だけを大企業と呼ぶ場合もあります。

続いては、売上高を基準とする場合です。売上高で大企業と呼ぶ水準はまちまちですが、少なくとも年間1兆円以上の売上高がある会社は大企業で間違いないでしょう。個人的には1、000億円以上の会社も大企業だと思っています。500億円以上、100億円以上の場合も、世間一般の感覚からすると大きい企業群ですが、上場企業の中に限ってみると、より大きい企業群に比べ相対的に水準が低くなることから、大企業と呼ぶのは時と場合によるかもしれません。

次に、従業員の人数を基準とする場合です。例えば、厚生労働省の「賃金構造基本統計調査」では、期間を定めないで雇われている人や1か月以上の期間を定めて雇われている人のような常用労働者と呼ばれる人が1、000人以上の場合を大企業とし、100~999人を中企業、10~99人を小企業と位置付けています。

最後に資本金を基準とする場合です。資本金というのは、会社の経営権を持つ株主が金銭などを投じた額の合計で、会社の元手の根幹をなす部分です。資本金基準による場合、機関によって取扱いは様々です。日本銀行が行う統計調査（いわゆる、短観）では資本金10億円以上を大企業としています。中小企業基本法では、中小企業は、たとえば、製造業の場合には資本金3億円以下（のほか従業員の人数も加味します）といった条件が付されているので、資本金だけを見ると3億円を超える場合に大企業といえます。法人税を計算する場合には、中小事業者が資本金1億円以下とされているので、1億円を超える会社を大企業と呼ぶケースがあります。

このようにしてみると、売上、資本金、従業員といった会社の数値に関係するものから、証券取引所の上場企業など、会社を見る基準によってどうやら、場面に応じた大企業像というものがあるようですね。

31 会社分割は二世帯住宅？

「少し相談にのってくれないか。実は親と同居するかで悩んでいるんだ。」

「そうか、お元気なのかい？」

「おかげさまで、元気は元気なんだ。けど、もうトシだし、やっぱり心配なんだ。同居がいいか、二世帯住宅ですぐ行き来できるようにしておくか…。でも、家があっても子供は進学したら家を出たいって言ってるから、そんなに広い家もいらないかもな、とかさ。」

「家族のことを考えてるんだなあ、感心するよ。」

「サンキュー。人生50にもなるといろいろあるもんだな。だいぶ前に、先生に教わった人生設計、あれって大事だな。」

家という単位で一つの家が二世帯住宅に変わる、一人暮らしや単身赴任でも家族単位の生計は全体で考える、別居していた家族が再度ひとつ屋根の下に暮らし始める。長い人生ですから、生活の中でこのような経験をすることがあるかもしれません。

会社を家に見立てた場合も似たようなことが、なくはないのです。〝組織再編〟や〝組織再編成〟、単に再編などと言われる行為が該当します。

たとえば、会社分割といって、会社の一部門をまるごと新しい会社や別の会社に移す仕組みがあります。部門が独立して別会社をつくる、あるいは、違う会社に移籍するようなイメージです。部門を切り離す元の会社側からすれば、部門を手放すものの、資本関係といって株式の所有関係を保ったまま同じグループ内に置くこともあれば、関係を清算して売却に近い状態をつくることもあります。会社として独立するほうが、細分化された各会社での意思決定から実行までのスピードが早くなるなどの事業展開上の効果を考えて行われます。家庭でたとえると、一家全員がひとつ屋根の下で暮らす中、たとえば、祖父と祖母の2人だけが家を出て近くに住むか、二世帯住宅にして行き来できる距離に住むことがあったとします。人と一緒に使っている家財も全部持っていきます。これが、会社分割のイメージです。元々あったところから、一つの世帯がそっくりそのまま移動するイメージですね。

会社分割には色々な手続き、費用、時間がかかります。会社法という法律で定められている手続きを中心に進めていき、いわば専門的な引っ越しになるので外部の人に託すことがあり、いつから引っ越し準備を始め、会社の持ち物の中から何を持っていくかなどを決めていきます。

次のケースです。合併という、二つ以上の別で活動している組織が一つにくっつく行為です。一つの会社、一つの事業体として統合することを意味し、合併する前は別の会社や部門だったものが、合併後は、一緒の会社のメンバーとして同じ会社名を名乗って活動していくところがポイントです。一緒の会社としてやっていく方が、物理的な距離が近いことから意思疎通が図りやすく、社風が浸透しやすいなどの効果を狙って行われます。家庭でたとえると、一家には別の場所で一人暮らしをしている子供がいましたが、卒業を機に帰ってきて、また家族水入らず一緒に暮らそうとなりました。これを会社で考えたものが合併です。合併もまた、会社分割の時と同じで、手続き、費用、時間などがかかります。

組織再編や会社の組織構造の一つに、ホールディングス（持株会社）といって、資本関係という、いわば血のつながりをもつ会社グループのトップ会社を頂点に、複数のグループ子会社を擁する場合があります。頂点に位置する会社はグループ全体の方向性を決めるなど、グループ全体の意思決定を迅速、的確に行うことに専念し、各グループ会社はグループの意思を受けとめて各会社の特徴を活かした経営を実践するという、グループ内での分業を確立する仕組みです。家庭でたとえると、世帯としては一つで、だれか1人か両親が家族全員の生計を養う中、一人暮らしをしている子供、祖父母の家は別にあるというように、家は別々でも世帯の財布や意見は誰かがまとめて管理しているような状態を、会社で考えたものがホールディングスです。

会社を家に見立てると、会社分割、合併、ホールディングスなどといった言葉の使われ方やイメージがとても難しく伝わるものでも、身近な生活の中で似たようなことに遭遇している場合があることに気づくものです。

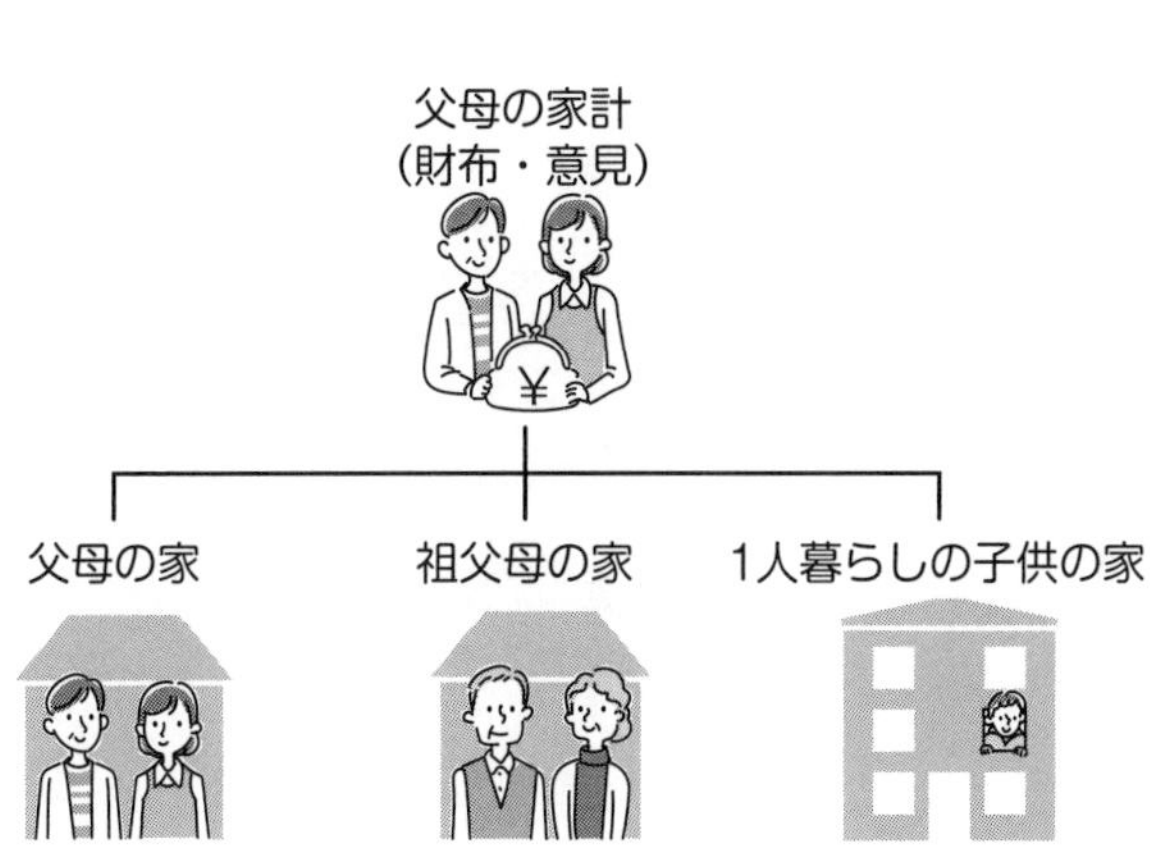

32 会計や決算書をつくるための流派があるの？

「先生、地域や国によって法律をはじめルールには違いがありますよね。」

『おっしゃるとおりです。文化、歴史、考え方は様々ですからね。』

「ならば、会計や、決算書をつくる際のルールにも、地域や国によって違いがあっても、不思議ではないですよね。」

『とてもいい所に気づかれましたね。実はそうなのです。』

会計という技術を使って作る決算書。実は国によってルールが違います。ここでは、ルールを「流派」に読み替えて説明しますね。。たとえば茶道、花道、日本舞踊などには○○流というような流派がありますよね。いずれも伝統的に確立していてそれぞれが正しい。そして、いずれも完成されたものはとても美しい。しかし、他の流派からみると、うちではこれはしない、これは共通するというものがあるはずです。

ようは、会計にも流派があり、違う流派で作った決算書も正しい、そして美しい、しかし、流派が違うと、出来栄えは違ったものになるということです。

決算書を作る際の流派は、現在世界で普及しているものを大まかに分類すると、〝日本基準〟、〝米国会計基準〟、〝ＩＦＲＳ（国際財務報告基準）〟の３つです。３つの中に日本基準が残っているのはとても素晴らしいことですね。それだけ、日本基準は世界的にみても通用する立派な流派の証、誇っていいことだと思います。

ＩＦＲＳ（あいえふあーるえす、あるいは、いふぁーす、と読みます。）はヨーロッパで主流だったものが世界の主流に発展したものです。国名がついている、日本基準、米国会計基準はやはり各々の国で使用されているスタンダードな流派ということになります。それならば、日本のすべての会社は日本基準で決算書を作成しているかというと、答えはノーです。米国会計基準やＩＦＲＳで決算書を作成する会社もあります。

ただし、流派を変えると、変える前が日本基準、後がＩＦＲＳなら、会社の成績が全く同じだったとしても違う流派で作られた決算書となり、出来上がりが違うから単純比較ができなくなります。このため、過去分との比較のためには別の資料を作らなくてはならないなどの制約があって、安易にコロコロ変えられるわけではありません。当然、流派を変えるのには労力もいります。今のところ、大多数の日本企業は日本基準を採用しています。

事情が異なってくるのは、世界展開している巨大企業です。巨大企業ともなると、ライバルも同規模の世界企業です。世界の同業、金融機関、シンクタンクといわれる調査機関などは世界レベルで同業他社比較をしています。最近では、日本企業が当事者になって、海外企業とのＭ＆Ａと呼ばれる合併や買収が行われるニュースを耳にする機会が多くなりました（★）。流派が異なる相手の決算書と、自分たちの会社の決算書とは単純に比較できないので、足並みを揃えないとＭ＆Ａにあたっての良し悪しの判断や、Ｍ＆Ａ後の企業戦略が描きにくくなります。こうした理由もあって、日本の大きい会社を中心に、特にＩＦＲＳへの変更という事例が増えつつあります。

新しい事業を立ち上げて急成長するベンチャー企業の中には、創業当初からＩＦＲＳを採用するという場合も考えられます。新しいビジネスにも注目ですが、新しいビジネスが採用する流派にも注目です。

自国の流派を持っており、それが世界の土俵でわたりあえるレベルにあることは自分たちが思っている以上に相当な強みです。ＩＦＲＳや米国会計基準にも良い点がたくさんあるので、たとえば日本基準からＩＦＲＳへの変更や導入事例が多くなることは、もちろん歓迎してよいことです。しかし、せっかく自国の流派を持っている日本では、他の流派を尊重しながら、自分たちの良いところを探すこと、これも会計の醍醐味の一つなのは間違いありません。

★Ｍ＆Ａは、Mergers and Acquisitions の略で、合併（くわしくは㉛参照）と、相手の会社や事業を買う買収のことです。

33 会社を大学の学部のように分けて管理できないかな？

「うちの大学みたいに総合大学ともなるとキャンパス広いわね、森みたい！」

「医学部に、法学部に、国際学部でしょ。いくつの学部があるんだろう。大学院や研究施設もあるしね。」

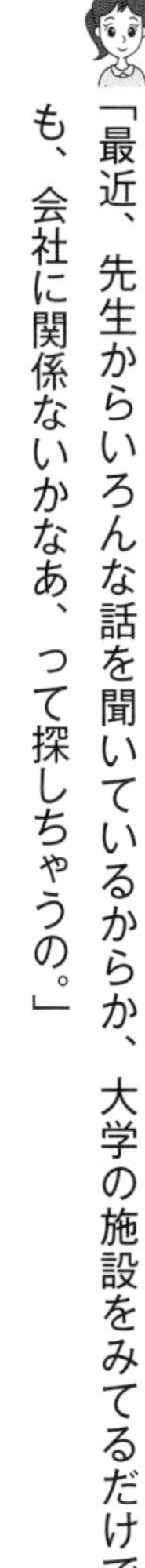

「最近、先生からいろんな話を聞いているからか、大学の施設をみてるだけでも、会社に関係ないかなあ、って探しちゃうの。」

「うん？　いまいちわかんないなあ、どういうこと!?」

「大学にあるたくさんの学部や施設って、それぞれの役割や機能を果たしているでしょう。それと同じように、会社も役割や機能ごとに分けて管理しているものってないのかな、って。」

「組織のことかしら。人事部、とか営業部、とか。」

「それもあるわよね。けど、ちょっと違うんだ。大学は学生から学費を集めて活動してるじゃない。大学全体で見ていくらの儲けとかいくらの売上っていうより、もう少し細かくして、医学部の売上、とかの単位で見たいのよね。」

会社には組織というものがあって、会社全体で一つの組織として動くと、全員で一つのことをするという非効率なことになってしまうので、目的や役割に応じて部や課などたくさんの細かい小さい組織を置いていますよね。そう、人事部、経理部、営業部、というように。

それとは異なり、藍さんの言っていたのは、会社でいうと、1年間の活動の成果として得た売上高や、利益といった儲けに関する数値を会社全体で見るのではなくて、もう少し細かい単位で見られないかといった疑問でした。そんなの、あるの？　あるんです、〝セグメント情報〟

といいます。

セグメント情報とは、経営者が経営の成果を把握する際に、会社全体で一つの判断材料しかないと、成果を把握しようにも大きすぎるので、もう少し細かい単位で実績や今後の計画を管理するために、〝セグメント〟と呼ばれる区分単位で経営活動の諸々の成果を把握するためのものです。事業や事業部といったセグメントとは少し異なる意味をもつ言葉が、セグメントと同じ意味で使われることもあります。

ある飲食店が、店内飲食用のレストラン、店内のメニューの一部をお弁当で提供、デリバリーで店内メニューの一部について宅配を行っていたとします。ある飲食店の実績の内訳は下表のとおりでした。売上高から費用を差し引くと利益になります。ここでは単純に売上高と収入が等しく、費用と支出が等しく、利益と儲けが等しいということにしておき、入ってきたお金から出ていったお金の残りが商売の儲けになると考えましょう。

		レストラン	お弁当	宅配	合計
売上高（収入）	①	10 億円	3 億円	2 億円	15 億円
費用（支出）	②	8 億円	1.5 億円	1.8 億円	11.3 億円
利益（儲け）	③＝①－②	2 億円	1.5 億円	0.2 億円	3.7 億円
利益率	③÷①	20 %	50 %	10 %	約 25 %

セグメントごとに分けずに全社で一括して成績管理を行うと、会社の売上高（収入）に対する利益（儲け）の割合（利益率）はどの程度かを調べても、約25％としかわかりません。これ自体に誤りはないのですが、どの分野からいくら儲かったかが細かくわかった方が、より効率的に儲けられるかもしれないし、もっとこの分野にお金を投じた方が良い、撤退しないといけないといった、経営判断も変わってくるはずです。

より細かく見たいときに使えるのがセグメントの考え方です。この会社の場合は、レストラン、お弁当、宅配で区分しています。セグメント単位で見れば、売上高の規模、利益の規模もわかるし、利益率がどれほどだったかということまで分かります。

この会社の場合は、宅配は売上高や利益、利益率のいずれも他のセグメントに比べると小さいため、他のセグメントに力を入れた方がよく、レストランは売上高と利益の金額が大きいので儲かっているけど、売上高の半分の利益が出るお弁当の方が利益率で見ると高いので、もっと利益を出したければ、お弁当の商売を拡大した方がいい、などの分析ができます。もちろん、戦略的に宅配を置いた方が良い場合もあるため、経営判断としてどうするかは個々のケースによって異なりますが、あくまで数値判断だけでいえば、宅配には力を入れなくてよいということがわかっただけでも、次の行動に活きるはずです。

セグメントは何も商売の形態ごとにしか区分されないものではありません。ほかにも、関東と関西といったように地域での分け方、海外にも拠点がある場合は国単位での分け方、飲料とお菓子のように作っている商品での分け方など、会社によって分け方は様々です。自分の会社にもっとも馴染みのある分け方は何か、今後の展開を考える際にもっとも有効な分け方は何かについて、戦略的に経営を行うための手法の一つがセグメントです。

上場企業では一つの事業しか持っていないという場合などを除いて、詳細なセグメント情報を決算に合わせて公表しています。今後は会社単位だけでなく、セグメントでみるとどうだろう、という発想で、会社の経営を考えるのも面白いと思いますよ。

第3章

教えて先生！

～経済のニュースがおもしろくなる～

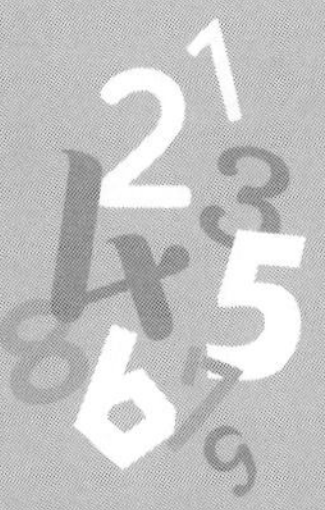

34 つぶれそうでつぶれないお店に秘訣はあるの？

「最近、あの会社が経営破たんしたのよ。大変ね…。あなたの就職活動の時には、きっと、つぶれない会社を見極めるのも大事なのよね。」

「つぶれない会社か。つぶれそうでつぶれないお店なんていうのもあるのかもしれないね。」

「うん、そういうお店の場合、なにか秘訣があるのよ。」

「コツがあれば知りたいな。」

会社やお店、できるだけ長く続いていく方がいいですよね。経営状態が悪化して破たんしてしまう会社があれば、反対に、どんどん成長する会社もあります。なかには、一見すると、あまり儲かっていそうにないのに、つぶれないで長く続いている個人商店もあります。商売って不思議ですね。

経営や商売に、これが正解と言えるものはありませんが、会社やお店を長く続けるために欠かせない大切な要素があります。それは、「お金」と「儲け」です。そんなこと、誰もが知っていると思うものですが、簡単に考えてはいけません。これらを維持していくのは、口でいうほど簡単なことではないからです。

まずは、お金です。会社やお店は、結局のところ、手元にお金があればどうにでもなる、そう言い切れるほど大事なものです。

たとえば、あなたが手元に１００億円を持っていたとします。ある事業に30億円のお金を投じたにもかかわらず失敗してなくなったとしても、残った70億円で別の事業に挑戦する余力があります。毎年、全然儲からなくて1億円ずつお金がなくなっていくとしても、お金が続く限り事業を続けることは可能です。お金は無限ではないので、どこかで事業が成功しないといけませんし、挽回しないといけないわけですが、少なくとも余力という意味では、お金がたくさんあることは事業を行う上で相当有利です。

つぶれそうでつぶれないお店の中には、過去に相続などによって受け継がれてきた、たくさんのお金が残っていて、現時点では尽きる様子がないというケースや、過去に大きく儲けた時に得たお金の蓄えがあるので事業を継続できる、というようなケースは十分に考えられます。

逆に、手元のお金が尽きる、お金を貸してくれた相手がお金を引き上げる、事業をしたくてもお金を得る手段がない、こういった場合であれば、事業を継続することがいかに困難かわかるはずです。

良いメニューをそろえていても、店舗の内装が古かったり、汚い飲食店には近寄りがたいものがあります。お金があればリニューアルできるのに、ないからそれができない、お金を貸りようにもあてがないといった場合、商売が行き詰まる原因となります。経営破たんには、お金がないことが原因となるケースが相当あります。良いアイデアも、お金が集まるから事業を展開できるわけです。お金を集めることに長けていることはどの世界でも重宝されますが、それは事業の成否に関し、いかに資金力が大切か、ということの裏返しです。

次に儲けです。お店であれば、お客さんから売上代金として得られる収入がそのまま儲けとして残るわけではありません。お店を続けていくために家賃を払う、従業員への給料を払う、商品の仕入れ代金を払う、といった支出を差し引いた残りが儲けとなります。ここでは、簡単に収入から支出を引いた残りが儲けと考えます。単純に考えれば、「収入≧支出」なら損することはなく儲けている状態、「収入＜支出」なら儲けがないどころか損をしている状態です。

商売は不安定なものですから、収入がずっと安定しているとは限りません。このため、会社は自分の身の回りで多少はコントロール可能と考えられる支出、会計の世界でいうと費用やコストと呼ばれるものの額を気にしています。費用やコストを抑えるといいますね。それは、収入が少なかったとしても、支出も減らして、収入よりも支出を抑えることができれば、儲けが確保できるからです。収入が不安定でも、安定した儲けを確保できる可能性も高まります。

支出の要素の中でも重要なものが、〝固定費〟というものです。

固定費とは、収入があってもなくても決まった額が会社やお店から出ていくお金のことだと思ってください。極端にいうと、収入がゼロでも出ていくお金です。商売をしている人にとって、固定費が何か、いくらあるかを的確に把握することは、非常に重要です。お店の場合、長く続けようと思えば、最低限、固定費を上回る収入を得なければ、手元にお金が残ることすらありません。まずは固定費を上回る収入を確保すること、その上でなるべく多くの儲けを出すこと、その状況を継続することがお金を残すことにつながります。

お客さんが来ても来なくても、お店を開けている間必要な水道光熱費、従業員に支払う給料や交通費といった人件費、お店の家賃などが、固定費の代表格です。

つぶれそうでつぶれないお店では、この固定費が少ないから、収入が少なかったとしても続けられる場合があります。たとえば、自分の土地・建物で商売をしていて家賃がかからないケースは、固定費の負担が軽くなります。また、自分1人で商売しているので他人の人件費を考えなくてもよいなどのケースでも、固定費負担は軽くなります。極端にいうと、固定費を限りなくゼロにできるような場合は、その分が儲けとなるわけです。

実際は、ほかにも変動費といった存在などのことも考えて経営するわけですが、儲けを考える際にはまずは固定費です。固定費が大きいと駄目ということでは決してありませんが、当然それを上回る収入を確保する必要があることを認識していないといけません。固定費について適切な認識を持っている方は思うほど多くはありません。商売が途中で立ち行かなくなるケースの中には、売上は順調に増え続けているのに、固定費が重くのしかかっていることを分かっておらず、商売は拡大しているはずなのに、儲けが全然出ないような仕組みに自分自身がしてしまっていることに気が付かないまま、経営が悪化することが案外多いものです。

お金や儲け、それに固定費の存在など、商売の基本の〝き〟や原点を考えることが、私たちが思っている以上に大切なことをあらためて思い知らされます。

家賃収入があるからつぶれないお店もあるよ

つぶれないお店の秘密のカラクリはきっとたくさんあるんだ。たとえば、商売は不調で売り上げが全然なくても、自分が持っているお店の2階を誰かに貸していて、家賃収入があるから商売で儲からなくても平気！　という理由も考えられるんだよ。お金があること、お金が入ってくる見込みのあること、お金があまり出ていかないこと、続けられる大体のケースにはこうした秘密が隠されている気がするね。

35 税金が変わるのっていつ頃だろう？

アナウンサー『今年の税制改正ではご家庭の車に関する税金がご覧のように変わります。改正前は……』

「先生、車の税金変わるんですね。ニュース、ちゃんと聞いとこうっと。」

『改正の時期ですね。車に、あと、住宅に関する税金も変わりますよ。』

「税金って、私たちの生活にも関係すること多いじゃないですか。でも、難しいんですよね。あっ、変わるといえば、いつ頃に、どうやって決まっているんですか?」

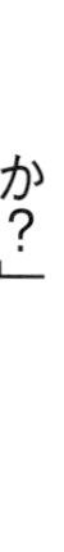

『そうですよね。私たちが支払っている税金のこと、そうしたことも知っておいた方が良いですよね。』

税金に関する制度を〝税制〟といい、税制の不十分な点をあらためる、ただすことを〝税制改正〟といいます。主に、税金に関する法律の改正を行って、時代に即したより良い制度に変えていきます。

税制は、毎年必ず議論して見直されています。秋頃から政権の与党が中心となって、各省庁などからの意見や要望を吸い上げながら、改正案をまとめます。12月中旬になると、与党より、翌年の4月1日から始まる年度の税制改正の内容がまとめられた〝税制改正大綱〟という文書が公表されます。その後、内閣の意思決定を行う場である閣議という会議で協議を行い、全員一致で意思が決定します。閣議で決定するから〝閣議決定〟といいます。税制改正大綱の閣議決定の場合、税制改正について次の年度は、この内容でいこうと内閣全員がＯＫしている、ということですね。

年明けからは通常国会が始まります。前年の年末に決定した税制改正大綱の内容を踏まえてまとめた税制改正関連法案が閣議決定されると、政府から国会に法案が提出されます。衆議院の委員会での審議を経て、2月下旬から3月初旬にかけて衆議院の本会議で可決されます。

このとき、「税制改正関連法案が衆院を通過」、のようなニュースになります。次いで、衆議院で可決した法案は、今度は参議院に送られて、参議院の委員会での審議のあと、3月下旬に参議院の本会議でも可決し、改正法が成立するという流れです。通常は、年度はじまりの4月1日から改正法が運用開始となります。

改正法は、「所得税法等に関する一部を改正する法律」と「地方税法等の一部を改正する法律」で通常、構成されています。一つの改正法の中に所得税、法人税、相続税、消費税などのいくつかの税金と、租税特別措置法という特例の改正内容をひとまとめにしているので、各法律の名称に〝等〟とつくのですね。

税金について定めるものには、法律だけでなく政令と省令もあります。政令は内閣が定め、省令は財務省や文部科学省など各省が定めているものです。法律上必要なことを明記しながら、政令や省令によって、より細かいことや具体的なことを別に定めることで、実施段階での役割分担や柔軟な実務対応をするためです。

税制改正に関する改正法の中身を見ると「第○条第○項第○号を次のように改める」「第○条を削除」「第○条の次に次の1条を加える」などの言葉ばかりで、とても分かりにくいことでしょう。「ここの言

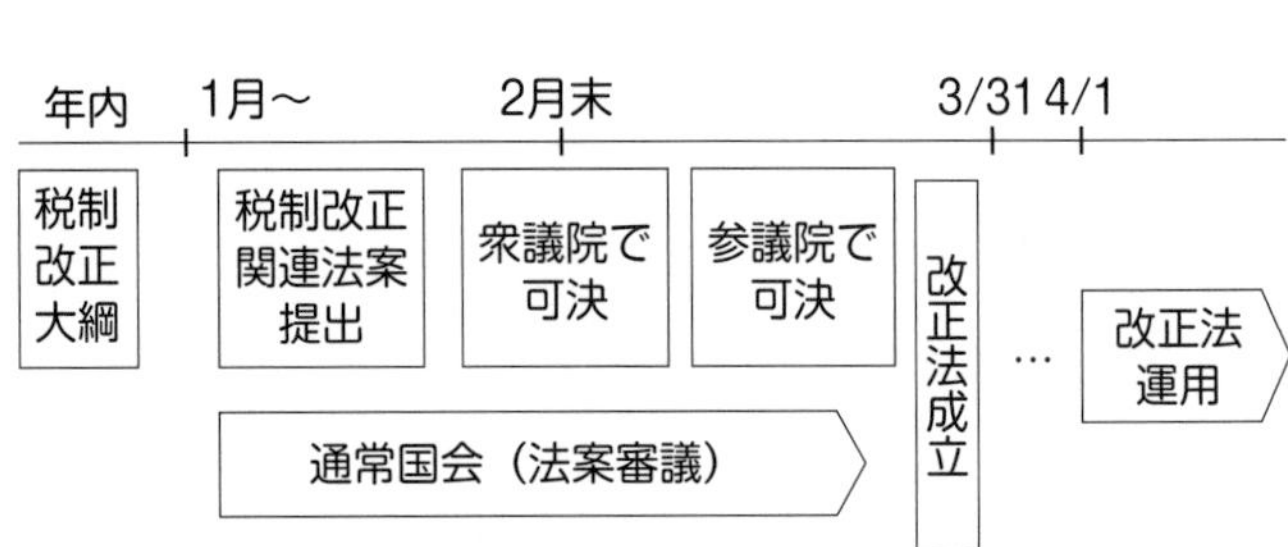

い回しを変えるよ」「ここカットで」「ここの言葉足しとくから」などと教えてくれると少しはわかりやすいのですが、そこは法律の文章ですから、やはり用語の使い方は厳密にしないといけませんね。

この二つの改正法は、国の機関紙である官報で公布されます。インターネット版官報というウェブサイトから誰でも情報入手が可能です。私たちが税制改正の状況を知りたい場合は、改正に関係する各省のホームページを通じて最新情報を得られるほか、財務省のホームページには税制改正のパンフレットが掲載されていて、主な改正点の概要が図示を交えながらカラーで紹介されています。各省の資料は、法律に比べ、私たちが理解しやすいようにわかりやすくまとめられています。

所得税のように私たちに身近で生活にかかわる税金は、毎年何らかの改正がされています。今後、税制改正、税制改正大綱、税制改正関連法案といった言葉をニュースなどで耳にする際は、改正でいったい何がどう変わるか？　ぜひ関心を持って聞きたいですね。

36 一番たくさんお金が集まる税金は何かな？

「消費税、所得税、法人税…。」

「すごく勉強してるね。えらいえらい。」

「自由研究のために色々調べているんだ。」

「たくさんある税金の中で、国にとって、私たちから一番たくさんお金が集まる税金って何なんだろうね？」

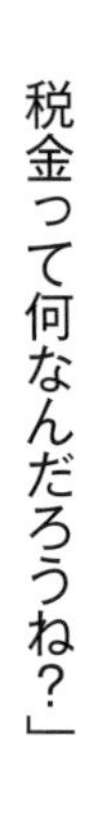

「そんなこと、考えたことなかったな。」

「じゃあ、それを先生にきいてみようよ。」

わかりやすく答えましょう

せっかく税金の世界に触れているのであれば、藍さんや青央くんの言うように、国がどの種類の税金から税収を得ているかにも注目してみましょう。

そこで、財務省が公表している図❶から図❸の資料がありますので、見ていきましょう。

図❶は、令和元年度の予算に占める国税と地方税を合わせた税収の内訳が示されたグラフです。１０７兆を超える予算、想像がつかないくらい大きな金額ですね。この予算を大きく所得課税、資産課税等、消費課税の３種類に分けています。どのような活動によって税金を負担しているかという活動ごとで種類を分類しているわけです。

これをみると、予算全体の約半分を所得課

図❶　税収の内訳

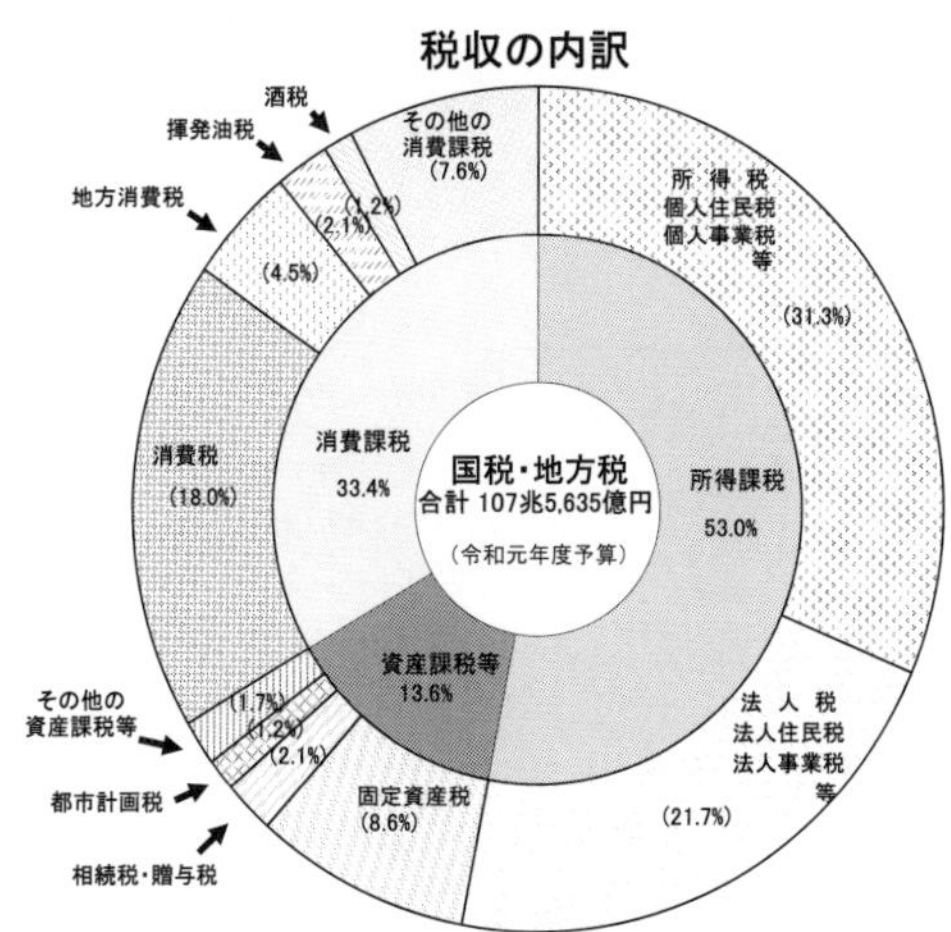

（出所：財務省 HP「税の種類に関する資料」より「税収の内訳」）

税、次いで約3割を消費課税が占めています。全体のなかでも、31・3％を占める所得税を含む個人の所得課税に分類されるものは、税収に占める割合がとても大きいですね。

消費税という項目だけでみると2割弱の割合なのですが、私たちが支払う消費税の中には国の収入となる消費税の他に、地方の収入となる地方消費税が含まれています。消費税と地方消費税を足すと22・5％となるので、実は法人税をはじめとする会社の所得課税の21・7％よりも大きくなっていることがわかります。

このような結果となるのには、近年の消費増税と法人減税の政策方針が大きく関係して

図❷　法人税率の推移

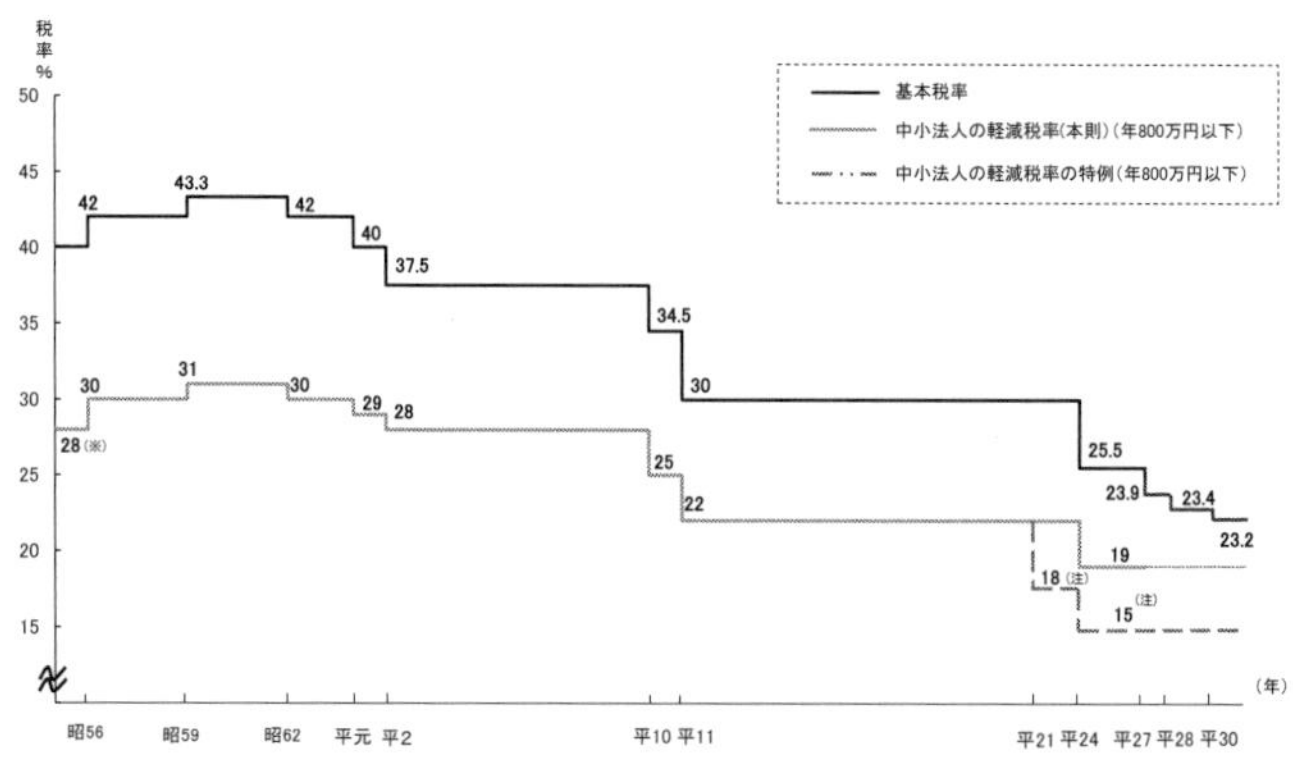

(出所：財務省ＨＰ「法人課税に関する基本的な資料より法人税率の推移」)

います。

消費税の導入以来、税率が３％、５％、８％、10％に増税となる一方、法人税は図❷のように、平成元年以前は40％台だった基本の税率が、平成30年には23・２％にまで引き下げられています。

法人税率を引き下げることで、税収は減ることになりますが、会社にとっては税の負担が軽くなった分だけ儲けを出しやすくなるという、税優遇の政策です。なぜ、法人税について減税したかというと、国際的な背景に少なからず影響を受けています。

少し以前のデータになりますが、図❸は２０１６年度の日本と他のＯＥＣＤ諸国との主な税金収入の構成比を示した国際比較

図❸　税収構成比の国際比較

所得課税合計（36か国中11位）		個人所得課税（36か国中18位）		法人所得課税（36か国中3位）		消費課税（36か国中30位）		資産課税等（36か国中10位）	
アメリカ	63.2%	デンマーク	56.6%	チリ	25.5%	リトアニア	67.2%	アイスランド	38.5%
デンマーク	62.8%	アメリカ	53.1%	メキシコ	24.9%	スロベニア	65.8%	フランス	24.2%
スイス	61.5%	スイス	45.1%	日本	20.1%	エストニア	65.5%	韓国	19.6%
オーストラリア	57.2%	カナダ	43.5%	スロバキア	19.7%	ハンガリー	63.9%	イスラエル	16.8%
カナダ	56.1%	ドイツ	42.7%	チェコ	19.2%	トルコ	61.3%	スウェーデン	16.8%
ニュージーランド	55.6%	フィンランド	41.7%	韓国	18.5%	ポーランド	59.7%	カナダ	16.6%
ノルウェー	52.3%	オーストラリア	40.8%	ルクセンブルク	17.0%	スロバキア	59.4%	オーストラリア	15.7%
アイルランド	51.8%	ベルギー	40.2%	ニュージーランド	16.5%	チリ	58.8%	イギリス	15.6%
ベルギー	51.6%	ニュージーランド	39.1%	オーストラリア	16.5%	チェコ	58.6%	アメリカ	14.6%
ルクセンブルク	51.5%	スウェーデン	38.5%	スイス	16.4%	ラトビア	58.6%	日本	14.4%
日本	51.3%	イタリア	38.3%	ノルウェー	14.3%	ギリシャ	55.8%	イタリア	13.5%
ドイツ	51.1%	ノルウェー	38.0%	オランダ	14.1%	ポルトガル	54.3%	オーストリア	13.4%
メキシコ	49.1%	アイルランド	38.0%	アイルランド	13.9%	オランダ	49.2%	ルクセンブルク	13.2%
フィンランド	48.8%	ルクセンブルク	34.5%	イスラエル	12.6%	フィンランド	46.5%	スペイン	11.6%
スウェーデン	46.6%	オーストリア	34.0%	カナダ	12.6%	スペイン	45.6%	ベルギー	11.6%
イタリア	45.8%	イギリス	33.8%	ポルトガル	12.1%	イスラエル	45.3%	ギリシャ	11.4%
オランダ	44.0%	スペイン	32.4%	ベルギー	11.4%	メキシコ	44.5%	スイス	10.3%
イギリス	44.0%	日本	31.2%	スペイン	10.3%	ドイツ	44.1%	トルコ	9.0%
オーストリア	42.9%	アイスランド	30.7%	イギリス	10.2%	オーストリア	43.7%	アイルランド	8.0%
スペイン	42.8%	オランダ	29.9%	アメリカ	10.0%	ノルウェー	43.2%	ポーランド	8.0%
韓国	42.3%	フランス	29.8%	ギリシャ	9.8%	イタリア	40.7%	ハンガリー	7.2%
ポルトガル	39.2%	スロバキア	18.6%	リトアニア	9.3%	イギリス	40.4%	オランダ	6.8%
チェコ	38.8%	ラトビア	28.8%	トルコ	9.1%	アイルランド	39.8%	ポルトガル	6.6%
スロバキア	38.3%	ポルトガル	27.0%	ハンガリー	9.0%	フランス	38.9%	メキシコ	6.4%
イスラエル	37.8%	エストニア	25.8%	ポーランド	8.9%	ニュージーランド	38.3%	ニュージーランド	6.1%
フランス	36.9%	イスラエル	25.2%	オーストリア	8.8%	韓国	38.1%	チリ	5.1%
ラトビア	36.5%	韓国	23.8%	ドイツ	8.4%	ベルギー	36.8%	ラトビア	4.8%
アイスランド	36.4%	メキシコ	24.2%	スウェーデン	8.0%	スウェーデン	36.7%	ドイツ	4.8%
チリ	36.1%	スロベニア	23.9%	ラトビア	7.7%	ルクセンブルク	35.3%	フィンランド	4.7%
エストニア	33.3%	ポーランド	23.4%	エストニア	7.6%	日本	34.3%	デンマーク	4.7%
ギリシャ	32.8%	ギリシャ	23.1%	イタリア	7.5%	デンマーク	32.5%	ノルウェー	4.5%
ポーランド	32.3%	リトアニア	23.0%	スロベニア	7.3%	スイス	28.2%	スロベニア	3.1%
リトアニア	32.3%	トルコ	20.6%	フィンランド	7.1%	カナダ	27.3%	チェコ	2.6%
スロベニア	31.1%	ハンガリー	20.0%	フランス	6.2%	オーストラリア	27.1%	スロバキア	2.3%
トルコ	29.7%	チェコ	19.6%	デンマーク	7.7%	アイスランド	25.1%	リトアニア	1.9%
ハンガリー	28.9%	チリ	10.7%	アイスランド	9.3%	アメリカ	22.3%	エストニア	1.2%
OECD諸国平均	44.2%	OECD諸国平均	31.9%	OECD諸国平均	12.4%	OECD諸国平均	45.4%	OECD諸国平均	10.4%

（出所：財務省ＨＰ税収に関する資料よりＯＥＣＤ諸国における所得・消費・資産課税等の税収構成比の国際比較（国税＋地方税））

です。中央の「法人所得課税」の表を見てください。当時、日本の法人所得課税の税収に占める構成比は他国に比べて相対的に高かったことがわかります。これは、法人所得課税の税率が下がれば構成比が低くなる余地があることを意味します。ここからは、法人所得課税を法人税と置き換えましょう。

法人税の税率が低くなると、会社は儲けから支払う税金の額が少なくなるので、手元に儲けが残りやすくなります。会社の成長や投資活動にお金を使いやすくなりますので、会社からみれば、より税率の低い国で事業ができることは魅力的です。

一方、国はというと、自国の経済発展や産業発展を期待して、海外で活躍している会社を誘致しようとします。どうすれば良い会社を誘致できるか、その答えが税率の低さです。ある国が低い税率の魅力を掲げて誘致をすると、他国も追随し世界中に広がり、税率の安売り競争になっていきます。国際的に事業展開するような大企業（くわしくは㉚参照）たちが、税率の高い国を敬遠して、税率の低い国を求める傾向にあることは自然な流れです。

行きたい会社は行けばいい、うちの国は法人税の税率が高くてもかまわないと考えるかもしれません。しかし、税率が高いまま放っておけば、国内で展開する会社が国外に流出してしまいます。主要な会社がなくなれば、その会社の下請け会社の仕事がなくなり、廃業、倒産する会社が出てくれれば、関連産業全体が衰退します。職を失う人が増えれば、国レベルで個人の所得が下がっていき、やがて経済の衰退、国の衰退を招くかもしれません。

他国に追随する必要はないですが、税率があまりに高すぎると会社が海外へ流出していく可能性があります。理由はこれだけではありませんが、こうした背景もあって、日本も法人税の税率を引き下げてきたわけです。しかし、会社の儲けが増えても、お金が人材や設備の投資に向かわなければ、儲けに相当する金額が社内に残るだけです（くわしくは㉙参照）。課題がないとはいえません。

税率を国際的にみると、日本の税率も様々な課題を抱えているように見えます。しかし、必ずしも、他国に引っ張られて平均的な水準に各税率を寄せた方が良いとは限らず、世界の動向を参考とした上で、日本の考え方をしっかりともって、将来の日本にとって良い税率のあり方を模索していくことが大切です。

37 利益が出ているのに、法人税がゼロ!?

「先生、今、大企業の決算発表（くわしくは41参照）のニュースをやってますよ。確か企業の成績を発表することですよね。今、そんなシーズンなんですね。」

『5月ですから、3月決算会社の決算発表がそろそろ出てくる時期ですね。フム…、この会社は利益はたくさん出ているが法人税はほぼゼロ、と。なるほど、そういうことですか。』

「利益って、簡単にいうと儲けのことですよね。それで、法人税は会社の支払う税金。普通に考えたら、儲けが大きくて、税金がゼロに近いってヘンじゃないですか?」

『そう、お父さんのおっしゃる通りなんですよね。実は、この話題はかなり難しいですよ。

節税ということばがあります。法律で認められている範囲の中で税金の負担を少なくする、ようは税金の支払い額を少なくすることです。

会社は利益の額に応じて法人税を支払います。利益の額が大きくなると、法人税も大きくなるのが基本です。

お父さんと先生が話していた利益ということばは、会計という世界の中の用語です。簡単に言うと、会社が商売をして入ったお金から、商売のために必要な家賃や従業員に支払う給料など、さまざまな出たお金を差し引いて残ったお金や、儲けに相当するものが、利益となります。残ったお金、イコール儲け、イコール利益といったイメージになります。

利益が大きいと、法人税が大きくなりやすいならば、お父さんと先生が話題にしていた「利益はたくさんあるのに法人税はゼロ」というのは、なんだか矛盾しますね。

一言でいうと、会計の世界と税金の世界では、利益をはかる

入ったお金	売上代金など	
出たお金		家賃・給料など
残ったお金	￥	

￥
‖
儲け
‖
利益

ルールが違うからなのです。会計は人や会社に報告するためのもので、税金は課税当局に報告するためのものです。報告対象や利用目的の違いが、ルールの違いをもたらしています。

図のように、ルールが異なると、会計の世界ではＤが入らず、税金の世界では、Ｃが入らないということが、現実の会社でも起きています。このため、たとえば、会計の世界で計算した結果が１６０で、税金の世界で計算した結果が50となるようなことも起こり得ます。

節税を考える中で、こうした仕組みを知って利用する場合もあるので、儲けや利益は大きいけれど、税金がほとんどないケースでは、戦略的に会社が実行している可能性は否定できません。もちろん、そうではないケースもありますが、大なり小なり、利益と税金の矛盾や違いはどこかで生じています。

今回は入ってくる、出ていくという単純なイメージで考えましたが、実際はもっと複雑です。入る見込み・出る見込み、増えそう・減りそう、企業グループ全体で考えるとどう変わるか、といったことまで、会計と税金の両方の世界を考えながら会社は動いています。こういう複雑なケースも合わせると、利益は出ているが法人税はほぼゼロ、ということも戦略か否かはさておき、ありえることなのです。

最近、ニュースなどでタックスヘイブン（くわしくは㊾参照）、租税回避行為、税負担の軽減といったことばが話題に上がる機会が増えました。利益は出ているが法人税はほぼゼロという話題と関係していることもありますので、お父さんと先生が話していたような話題がニュースで流れていたら、これからはおや？　と思いながら見るのもいいかもしれませんね。

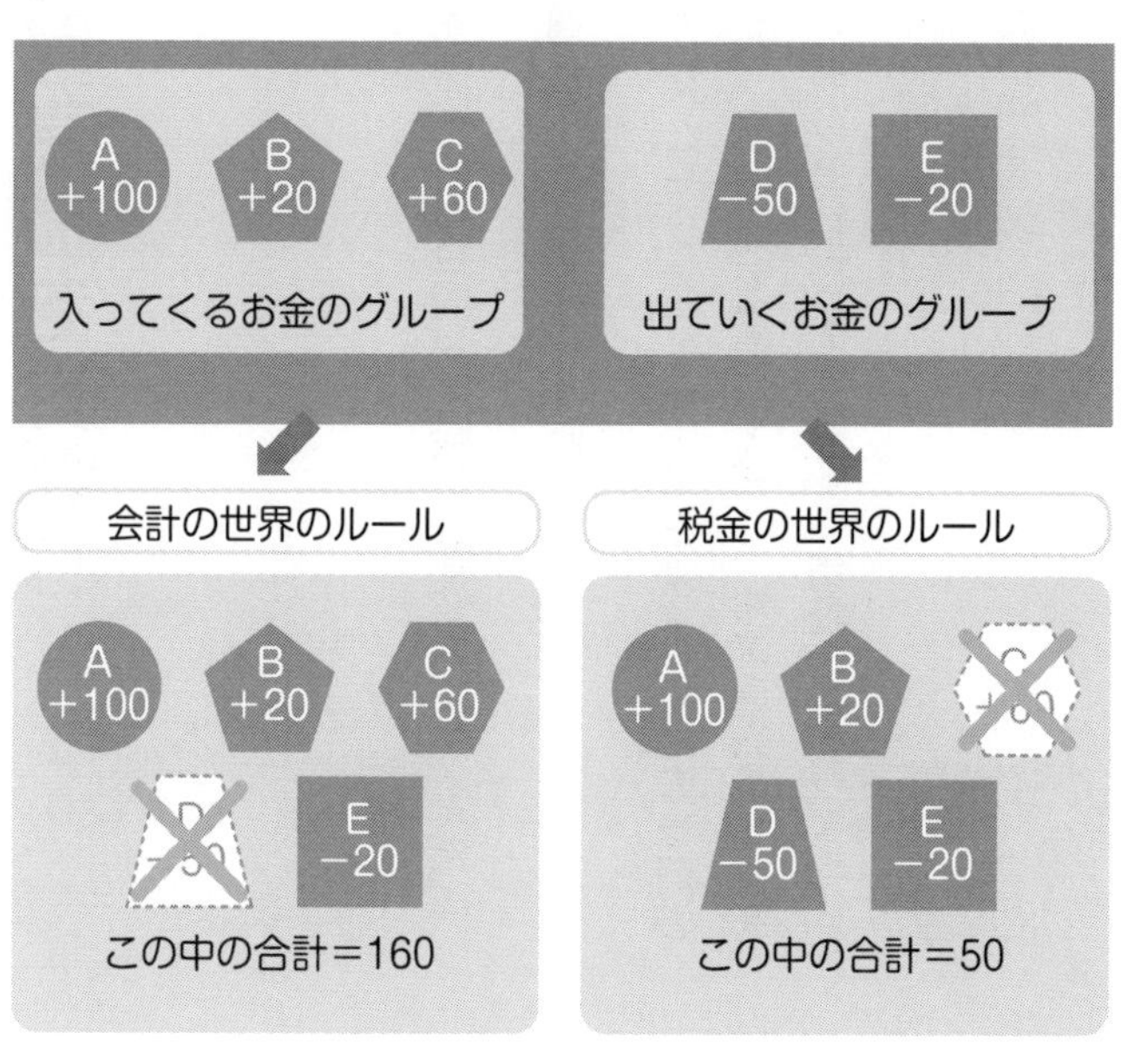

38 当期の売上高は過去最高益を更新!?

「高幡さん、就職活動は順調?」

「志望先を見つけるのも大変よね。先週、就職合同説明会に参加してきたんだ。」

「どんな感じだった? わたしも来週行くから気になるわ。」

「たしか、ある会社の採用担当の方かな、こんなこと言ってたよ。『当社の当期のグループ売上高は1兆円を超えました。前期比で増収増益、当期は過去最高益を更新し、今業界内で最も成長力のある会社です。是非、当社に応募くださ い!』って。」

「む、むずかしいな…。理解できたの!?」

「……実は、私もさっぱり。説明会の時は、知っているふりしたんだけど、新聞もあんまり読んでないし、ほとんど分からなかったのよ。企業のこと、ちゃんと勉強したいなあ。」

友人の高幡さんが就職合同説明会で聞いたお話は会計の世界の言葉です。会社の経営の成果を対外的に公表する際、主に数値情報を集計した成績や財産の状態などを要約した表を使って報告します。決算書や決算情報などと呼ばれるほか、数値情報を集計した要約表一式を〝財務諸表〟と呼ぶこともあります。財務に関する諸々の表ということですね。

なぜ、こうした数値情報が存在しているのかといえば、相対比較が可能だからです。例えば、学校の成績表や通信簿は自分の過去の成績と見比べて良い悪いを判断する、原因を分析して改善に役立てるといったことに適しています。先生が評価をする際に、ＡさんとＢさんを比べるとＡさんの方がテストの点数が良いので相対的に良い点をつけるという具合に集計していき、全員分の評価が出揃うとＡさんは全体の中の何番目、Ｂさんは何番目というように、他者との相対比較ができるようになります。

会社でも同じことがいえます。成績や最近の財産の状態などについて数値でまとめれば、他社との比較、自社の過去との比較に使えます。だから、これまでの活動の成果のまとめとして、数値で誰が見ても高い低いや、過去から上がった下がったが分かるようにする表が重視されています。

さて、説明会ではグループ売上高が、と言われていましたが、これは全て損益計算書（P／L）という書類から分かる言葉です。

損益計算書は、損と益を計算している書類です。損失の損、利益の益という言葉を使っています。通常は1年間という期間で、お客さんに販売した商品やサービスの見返りとして得られる売上の合計金額を表す売上高から、会社経営を維持するための様々なコストを差し引いて残った、1年間の獲得利益を計算した表です。利益は残った儲けのようなものと考えてもよいでしょう。

損益計算書を公表する時点で、今後の企業の利益に影響しそうな重要な情報があれば、それについても可能な限り反映させようとします。たとえば、訴訟中の原告側に対して損害賠償金として1，000万円を支払わなければならない可能性が高い状況にあるとします。今の段階で分かっている事実を金額も含めて知らせるために、実際にはまだ支払っていないけれど、将来支払うことがほぼ確実なので、損失を被る可能性に関する情報などもできるだけ正確に伝えるようにしています。

では、次に説明会で言っていたことを一つずつ検討しましょう。「当社の当期のグループ売上高は1兆円を超えました。前期比で増収増益、当期は過去最高益を更新し、今業界内で最も成長力のある会社です。」でしたね。

「当期」とは、会社が定めている事業年度のうち、今の期間のことを指します。通常は1年間で、期の始まりを期首や期初といい、期の終わりを期末といいます。特に期末のことを、計算した額を確定させる時期ということもあって、〝決算期末〟や、単に〝決算〟と呼びます。前期は当期の1期前の期で昨年といったイメージ、ちなみに来期や翌期といったら来年のようなイメージですね。

「グループ」は、資本関係といって、他社を経営する権利を持っている親会社と、持たれている子会社などから構成されています。厳密には一緒ではないのですが、会計の言葉でグループのことを〝連結〟と表現する場合が多くあります。学校で例えるなら、1人1人は1社1社、クラスや学年というのがグループや連結です。

「1兆円を超える売上高」は日本の会社の中でも、とても大きい規模ですね。このように、損益計算書では、絶対値である金額の大小で、この会社は大きい、小さいというスケールが分かるようになっています。ただし、絶対値が大きいから優れているとは限りません。あくまでたとえですが、野生のシマウマが、パワーで優るライオンなどからの攻撃を俊敏性を活かして巧みにかわすことがあるように、会社にも売上高や資金力、従業員数では劣っていても、利益率が高く、効率的に利益を生んでいる会社、成長力が高い会社はたくさんあります。

「前期比で増収増益」とは、前期に比べ収入が増え、利益も増えた、という意味です。増収の収は売上のことなので、売上が増え、利益も増えたなら増収増益です。パターンは次の4つがあります。

増収増益　売上が増えて、利益も増えた。
増収減益　売上が増えたが、利益は減った。
減収増益　売上は減ったが、利益は増えた。
減収減益　売上が減って、利益も減った。

増収増益、減収減益はその通り、と思うでしょう。増収減益は、売上は増えていても、コストが余計にかかった結果、利益が少なくなったケース、減収増益は、売上は減ったけど、コストを抑えられた結果、利益が確保できたケースにみられるパターンです。

「過去最高益を更新」の過去最高益とは、これまでで最も利益が高かったことを表します。それが当期ならば、今が最も利益が高いと言えるわけです。更新となっている場合は、上回ったということですから、昨年以前のどこかで過去最高益だった数値を当期に塗り替えて記録更新したということです。

もう一度読んでみましょう。「当社の当期のグループ売上高は１兆円を超えました。前期比で増収増益、当期は過去最高益を更新し、今業界内で最も成長力のある会社です。」

きっと、読めますね。確かに、成長力のある会社のようです。

39 会社の通信簿は世界中の人が見られるの？

「ただいま！」

「おかえり。どうだった？　今学期は！　通信簿見せて。」

「え、ヤダ！　通信簿なんて人に見せるものじゃないもん。」

「会社だって通信簿を出しているそうよ。なかには、世界中の人が見ようと思えば見える通信簿もあるらしいわ。」

「ひえぇ～！　ヤダよそんなの。なんで誰にも見えるようにしている会社があんのさ。僕、絶対ヤダ！」

通信簿をもらうときは、ドキドキしますね。今学期は何を頑張ったか、前学期と比べてどこが成長したか、反対に何ができなかったか、などがひと目でわかります。通信簿は、客観的に誰もがわかる数字や点数が書かれた表に、その数字となるに至った補足説明が加えられています。

通信簿の評価対象が人ではなく、会社となったものが〝決算書〟と呼ばれるものです。

通信簿も決算書も、自分や他人が見て結果を振り返ることができるように作られています。次こうしたらいいよというアドバイスもできます。将来こうなりそうだという予測にも役立ちます。通信簿は通信簿同士で、決算書は決算書同士で、おおかた同じ様式で書かれているので、他人とも比較することができる、便利なツールです。

通信簿と異なるところは、決算書は他人が積極利用することを前提に作成されています。なぜかというと、会社は他人からお金、信用といった協力や支援を得て経営活動を行っているので、支援をしてくれている他人に対して、積極的に会社の現状を伝える責任があるからです。

少なくとも、会社にお金を貸してくれる銀行をはじめとする金融機関、お金を投じて経営に参加する権利を持っている株主には、会社経営に必要な軍資金を支援してもらっているので、会社の現状や過去の実績をまとめた決算書を使って報告します。特に、株主は、自分のお金を会社に出して経営者に経営を託します。その見返りに経営に意見を言う権利や、儲けが出たときはお金で分け前をもらう権利などを持っています。お金を投じる立場として、会社の決算の状況を知るのは当然の権利なので、決算書は他人に見せることを前提に作成されています。主に株主に見せるためのこの決算書を〝計算書類〟といいます。

さらに、世の中にはもっと広い層に見てもらうための決算書もあります。それは、上場企業が公表する〝決算短信〟や〝有価証券報告書〟というものです。誰でも必要なお金を出せば、株式を買うことができ、出したお金を引き上げたいときは、好きな時に売って換金できる市場という場所に存在する会社が上場企業です。

上場企業の株式を売り買いしようと思ったら、市場の中の証券取引所というお店に行きます。株式が商品としてショーウインドウに並んでいるようなイメージで、売り買いしてもいいですし、見て帰るだけでも構いません。上場企業一つ一つに、誰でも品定めができるように、決算書を含む会社の特徴、過去の実績などのたくさんの情報が詰まった決算短信や有価証券報告書という名のついた説明書がついています。毎年1回以上、必ず、最新の状況に更新されますので、いつお店に来ても新しい説明書を閲覧することが可能です。ちなみに、決算短信の方が早いタイミングで出るタイムリー版説明書、有価証券報告書は完全版説明書といったイメージです。特に、決算短信はその季節時点での最新状況がいち早くわかるので世間が注目していて、決算発表という発表会のようなものも行われます。

このように、少なくとも会社の場合は、主に株主という他人に見てもらう前提で決算書を作成しており、上場企業ともなれば、誰でも見られる決算書を作成しています。

40 会社には通信簿の発表会があるみたい

「お父さん、これ、青央の通信簿よ。」

「お、十分頑張ってるんじゃないか。」

「あの子がね、受け取るとき、すっごく緊張したんだって言ってた。通信簿が隣の席の子に見えないように、ちゃんと隠して！　ウフッ！」

「あ～、思い出した。僕もやっていたなあ…。」

「テストや通信簿って、みんなの前で発表するのが普通でしょ。ウチの会社も決算書を出しているけど、他人に見せるのよね。どうやって見せるのかしら？」

「上場企業には決算発表っていう制度があるんだよ。」

「お父さん、いつの間に勉強したの？」

「この前、先生にちょっとね。」

通信簿は学校の先生がつくるものですが、会社の決算書は、会社自身が自己評価を行っている点に違いがあります。自分たちは、自己採点したらこんな成績でした、みなさん、どうぞ見てくださいね、というイメージで作成されるものが決算書です。

多くの場合、決算書は他人に見てもらうといっても、主に、お金を直接会社に投じてくれている株主や、お金を貸してくれている金融機関など、少数に限られます。決算書は、通常、年に一度開かれる株主総会という、報告会に相当する場で使われます。

株主総会は、株主と会社の経営陣が一同に会する会見の場を想像するとよいでしょう。株主は会社から〝招集通知〟という招待状を受け取って会見の場にやってきた出席者で、会社が招待者、兼、決算書を作成した当事者として説明する立場です。株主総会では様々な議題が扱われますが、決算書のテーマに絞ると、会社が作成した決算書をもとに説明を行います。これを、決算説明といいます。そして、株主から、なぜこのような決算内容になったのか、今後はどうやって経営していくつもりか、などの質問を受けながら、過去の経営結果の報告や今後の経営の見通しについての説明と合わせて、支援の継続をお願いするイメージです。

上場企業という、誰でも株主になることができる会社の場合、誰でも、というだけあって、少人数ということはまずありえませんし、今後株主となる可能性のある人だって決算書を見たいと思っているかもしれません。そこで、上場企業自らが、決算書を公表する制度が設けられています。それが、〝決算発表〟です。決算短信と呼ばれる決算書を含んだ会社の最新情報を世間に公表するもので、株主はもちろん、今後上場企業の株主になろうとする人、その会社に勤めている人、上場企業への就職を考えている人、マスコミまで、多くの人が注目するものとなっています。

発表の方法は、決算短信をインターネットを通じて知らせることが中心となっています。ただ、内容説明や補足説明のために、記者会見や決算説明会という説明の場を設けたり、会社のホームページ上でグラフや動画を使ってかみ砕いた説明を追加で行うことも増えています。会社自身が、広く世間にウチの会社のことを知ってもらいたい、わかりやすく説明したいという気持ちの表れです。良いことも悪いことも包み隠さず積極的に公表の場を持とうとする会社、世間との繋がりを重視する会社には好感を持ちます。世間の理解に努めようとしている会社ほど、わかりやすい説明資料を用意して、誰もが理解できるように解説し、悪い情報でも正確に伝えようとしています。決算発表の姿勢は会社の人柄そのものともいえるものです。

上場企業の場合には、さらに〝有価証券報告書〟という書類の提出も義務づけられています。決算短信と同じように、インターネット上への掲載を通じて知らされ、公表後は誰でも見ることができる情報源となっています。

財務３表は決算書の合言葉みたいなものなんだ

会社が作る決算書の中身にはね、会社全体の〝財産〟の内訳を要約した「貸借対照表」と、会社の成績を表す〝業績〟を記録した「損益計算書」、それに、〝お金〟が動いた理由を知らせる「キャッシュ・フロー計算書」という代表的な表があるんだ。「貸借対照表」「損益計算書」「キャッシュ・フロー計算書」の３つを合わせて財務３表と呼んでいるよ。

41 会社の決算情報は、いつ、どこに、取りに行けばいい？

「お子さんの全国学力テストの結果どうだった？　うちの子は平均よりちょっと良いくらいだったよ。」

「まだ結果を聞いていないから、気になっているんだよね…。」

「大々的に報じられるから、この時期になると直接関係のない私たちも気になるなあ。」

「結果発表といえば、うちの会社の決算だよね。だって、ボーナスにも影響するじゃない。」

「気になるよね。いつどこに行けば手に入るんだろう？」

『こんなところでお会いするとは。ランチはいつもこの辺ですか？』
「先生、ちょうどよかった。会社の決算情報って、いつどこに行けば手に入るか聞きたくって…。」
『お安い御用ですよ。』

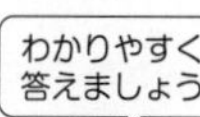

会社の決算情報の発表の機会や方法は複数ありますが、ここでは、上場企業を中心に考えて、決算短信、招集通知、有価証券報告書の３つのそれぞれについて、入手時期や入手場所を見ていきましょう。

〝決算短信〟は、会社決算のニュース速報のようなイメージです。正確性も高いのですが、それよりも、決算の内容をいち早く知りたいというニーズに応えてタイムリーな情報を提供しています。年度の最終日から、なるべく45日以内に公表することになっていますので、３月末に年度が終了する会社の場合は、基本的に5月15日までに決算短信を証券取引所に提出します。この、決算短信を提出することを〝決算発表〟と呼んでいます。通常、会社決算の最も早い公表タイミングとなるので、世間が注目しており、記者会見や決算説明会などが合わせて開かれるケースも多いです。決算短信は、東京証券取引所のTDnet（適時開示情報閲覧サービス）というウェブサイト上で、誰でも資料の入手が可能です。また、会社のホームページ上でも公開されることが多くなっています。

〝招集通知〟は、主に株主総会に参加する株主のために作成される書類になります。株主の権利行使のためのものなので、株主総会の開催に先立ち、5月末から6月上旬にかけて、郵送やインターネット掲載を通じて、株主に通知されます。株主総会は、通常、年度終了後3か月以内に開催するので、3月末で年度が終了する会社は、6月下旬に株主総会が集中しています。

〝有価証券報告書〟は、金融商品取引法という法律

書類の名前	おおよその入手時期（年度が4月～翌年3月の場合）	入手場所	書類の内容
決算短信	4月末～ 5月中旬	東京証券取引所 TDnet	決算発表を通じた 決算内容の速報
招集通知	5月末～ 6月上旬	郵送による 書面通知 インターネット 開示	株主の権利行使に 役立つ情報の提供
有価証券報告書	6月下旬	金融庁 EDINET	決算の確定情報 会社全体に関する 情報の提供

にもとづいて上場企業には作成が義務付けられていて、年度の最終日から3か月以内に提出することになっている法定書類です。決算書としての性格はもちろんですが、会社の概要、経営陣（役員）の顔ぶれ、設備投資やグループ会社の情報など、会社全体の情報が、かなり詳細にまとめられています。多くは、株主総会が行われたその日か、翌日に金融庁の電子開示システムであるEDINET上で公表されます。誰でも閲覧が可能で、先ほどの決算短信、招集通知と比べると、この有価証券報告書が最も詳細、かつ正確な情報源となっています。

上場企業はこのほかにも自発的な情報提供に努めるなど、自ら決算情報の発表を行う機会が多くなっています。このような機会が定期的にあるということは、一定期間ごとに検証が可能ということです。会社の決算に、これだけ多くの発表機会があるということは、それだけ、外部からの注目度が高いことを表しています。

42 学校は3学期制、会社は4学期制

「先生、うちの青央の小学校は3学期まであるんですけど、会社って、ほら、先生が教えてくれた、会社が決めた1年っていうのがあるんですよね。」

『はい、そうです。決算とか年度といった話題の時に、そういったお話をしましたね。』

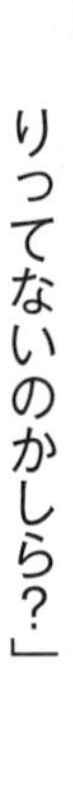

「1年はいいんですけど、1年ずっと続くんですか。学校の学期制みたいに区切りってないのかしら?」

『お母さん、良いご質問ですね。ではお答えしましょう。』

学校や大学には1年の中に区切りがありますよね。学校であれば1学期、2学期、3学期、大学は前期と後期など。では、会社はどうでしょうか。

会社には〝年度〟と呼ばれる、通常は1年間の期間があります。年度の会社の経営活動の中でも重要なものに、決算があります。過去から現在までの会社が行った成果や成績を集計することですが、1年間に一度の決算機会しかないとすると、途中の経営状況や、目標に対する進捗などがわかりません。経営者が困るのはもちろん、お金を会社に貸している銀行のような金融機関も、1年間に一度しか経営状況を知る機会がなければ困ります。たとえば、年度が終わってから何か月か経って会社からお金を貸してほしいと言われたときに、この前の年度は調子良かったけど、この数か月で悪化していたらお金を貸しても返ってこないかもしれないと、普通は思うことでしょう。

そこで、会社の経営規模が大きくなってくると、月ごとに簡易の決算を組んで、1か月に一度は経営の進捗状況を見る、月次決算という手法をとる会社があります。月1回の間隔で経営状況を確認することは、季節変動といって、去年の5月と今年の5月を比べてどうだったたか、去年の1月から3月と今年の1月から3月の推移を比較してどうか、など細かい経営分析に適しています。

さて、冒頭の期間の区切りについて話を戻すと、会社の場合は決算期という言葉を使います。たとえば、4月から翌年3月までを年度とする会社は、終わりの月をとって、「3月期決算会社」と呼びます。

上場企業は、さらに細かい期を設定します。それが、〝四半期〟という期です。1年度12か月を、3か月ずつ4つの期に分けることをいいます。学校や大学の1学期、2学期、3学期のような学期制に例えると、会社は4学期となるイメージですね。

四半期はクオーターや、略してQの文字で表現する場合があり、第1四半期の場合、第1クオーター、1Qのように表現することもあります。

上場企業で、3月期決算会社の場合、四半期という期間のくくりは**表❶**のようになります。

最初の3か月が第1四半期、次の3か月が第2四半期で、第1四半期と第2四半期を合わせた半年間を上半期といいます。年度の後半最初の3か月が第3四半期、最後の3か月が第4四半期で、第3四半期と第

表❶

4月	5月	6月	7月	8月	9月	10月	11月	12月	1月	2月	3月
第1四半期			第2四半期			第3四半期			第4四半期		
上半期						下半期					
年度											

4四半期を合わせた半年間を下半期といいます。

そして、上場企業には四半期ごとに**表❷**の決算情報を公表することが求められています。

公表場所や書類の内容は年度の時の公表書類と同様ですが、3か月に一度というタイミングで公表することや、年度に比べると公表する内容が限定されている点で、足元の経営状況を細かい区切りで確認、分析することに重きを置いている書類という位置づけになります。

上場企業が3月期決算会社の場合で、四半期と年度を合わせた代表的な決算情報の対応を示すと、**表❸**のようになります。

第4四半期決算短信と、第4四半期報告書を出すとすれば、最後の3か月分ということになりますが、これは、年度の決算情報として出される決算短信、招集通知、有価証券報告書で充足されますので、第4四半期だけの公表制度はありません。

四半期をみると、期の前半が好調で後半は悪くなりやすいといった季節による成績の変動など、年度の1度で決算をみるよりも傾向がつかみ

表❷

四半期で公表する書類の名前	年度の場合の対応する書類
四半期決算短信	決算短信
四半期報告書	有価証券報告書

やすくなります。作成する企業の側は年4回も決算情報を出して、四半期ごとに複数の書類を用意するわけですから大変ですよね。せっかく、これだけの情報提供機会が設けられているのだから、私たちがもっとこういった情報に触れる機会を多くもつことも大事ですね。

表❸

<table>
<tr><td>4月</td><td>5月</td><td>6月</td><td>7月</td><td>8月</td><td>9月</td><td>10月</td><td>11月</td><td>12月</td><td>1月</td><td>2月</td><td>3月</td></tr>
<tr><td colspan="3">第1四半期決算短信
第1四半期報告書</td><td colspan="3">第2四半期決算短信
第2四半期報告書</td><td colspan="3">第3四半期決算短信
第3四半期報告書</td><td colspan="3">なし</td></tr>
<tr><td colspan="12">決算短信
招集通知
有価証券報告書</td></tr>
</table>

小学校

3学期制
長男

大学

前期・後期の
2学期制
長女

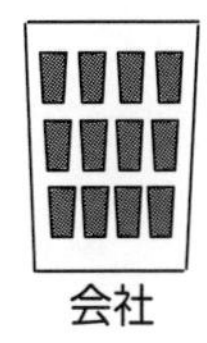
会社

4学期制
父

43 会社でも将来のことって考えるのかな

「ふう…。今朝もわたし頑張ったわ。学習ノルマ達成よ。」

「朝からお疲れ様。はい、コーヒーどうぞ。英語、頑張ってるね。応援するよ。」

「ありがとう。来年はTOEIC®730のスコアを達成したいからね。そのために、1年間の学習計画を立てたのよ。週1で英会話スクール通って、今朝みたいに毎朝英語アプリで勉強して、半年後に模擬試験受けるわ。そうすれば、自分の順位確認できるもん。そして1年後には目標達成！」

「ふ～ん、先を描いて、今の状況を理解して、到達までの道筋をつけて、具体的にこの時期にこれをする、このタイミングで一度立ち止まって現状確認する。個人の場合、たしかにこういう計画性って大事よね。」

「はは〜ん。さては、会社に置き換えればどうだろう、ってことね。」

「そう！　今日の大学の講義午後からだから、先生のところ行ってくるね。」

計画どおりにことが進められればどんなに良いことか、今日からやるぞ！　明日から頑張るぞ！　1年後には…。なかなかうまくいかないかもしれませんが、実行の前のシナリオは個人も会社もとても大事です。

会社にも似た仕組みはあるのでしょうか。これが、あるのです。目標設定の期間として考えられるのは、半年後、1年後、3年後、5年後、それ以降の長期です。特に、決算発表などを通して常に世間から注目されている上場企業では、目標設定と合わせて達成度をみながら、「将来この会社はさらに成長しそうだ」、「目標管理が甘いのではないか」などの外部評価を受ける点でも、とても重要な行為になります。

〝業績予想〟や〝業績予測〟という言葉を、聞いたことはあるでしょうか。会社が半年後や1年後に目指す売上高や利益の金額を公表することです。決算発表の際に公表される決算短信には、業績予想の数値が掲げられている場合が多いです。過去の成績に加えて、将来の業績予想を掲げることで、決算短信の読者が会社の将来を予測しやすくなります。

業績予想で数値を出す項目のひとつに、売上高があります。売上高は、セールスの合計なので、たとえばお店でお客さんに商品を販売し、代金としてもらったお金の1年間合計のようなイメージです。そこから、お店を維持するために必要な家賃や、従業員に支払った給料などを差し引いた残りが、いわば儲け、利益となります。家計でいえば、会社から支払われた給料が売上高で、そこから食費や光熱費などの生活費を差し引いた残金が利益となるイメージです。業績予想や予測では、半年後、1年後にはウチの会社は、お客さんからこれくらいの収入がある見込みであり、半年間、1年間で稼いで会社のお財布に残る（商売によって増える）お金はこれくらいになりそうだ、という見込みの金額を発表するわけですね。

業績予想や予測は、目標設定をするだけの効果にとどまりません。上場企業の場合には、四半期という制度がありましたね（くわしくは㊷参照）。四半期ごとに、足元の経営成果と、先に立てた業績予想や予測とを比較して、進捗を確認し、達成度合いをはかります。予想と実績を比較して経営管理に活かすことを、〝予実管理〟や、単に〝予実〟といいます。ただし、予実という言葉を使う際の「予」は、通常、予算という言葉や意味を示すことが実務上は多いです。

現在までの到達度合い、主な成功要因、未達の原因などをはかりながら、現状の良し悪しにかかわらず、次の戦略を立てるわけです。場合によっては、方向転換も必要です。会社は絶えず変わる内外の環境に柔軟に対応するために、予想に対する現実を知り、臨機応変に対応していきます。

先ほどの予実の説明で、実務では予算を使うとお話をしました。予算は、事業計画、中長期経営計画などに繋がっていきます。業績予想や予測は儲けに関する指針ですが、予算という場合は、それに加えて、増えたお金をいくら投資に回すか、何年か後にお金をいくら借りるか、採用を行いながら人員をどう増やすか、といった儲け以外の会社全体の戦略や、出入りするお金をどう配分していくかといったことまでも含めた、いわば会社の未来予想図です。

予算というと、通常は1年後の計画を指すことが多く、短期計画などともいわれます。あくまで目安ですが、3年程度先の未来予想図が中期（経営）計画、5年程度先が中長期（経営）計画といった感じです。事業計画も予算や中長期経営計画などと似ています。文書にして第三者への事業計画書として提出する際によく使われる言葉です。

44 借金○○億円はどれくらい大変？

「借金○○億円あると大変なのかなあ。」

「そうだね。きっと大きい金額だと、返すのが大変だろうしね。」

「借金○○億円で倒産っていうニュースが流れることもあるものね。」

「うん、家計でも企業でもお金って大事だもんな。」

「じゃあ、借金はあまりしない方がいいのかなあ。」

「う〜ん、どうかなあ。個人でもお金が必要なことがあるよね。返すことができそうなら、借りてもいいと思うんだけど……。」

「そっか。たしかに私も将来のことを考えて、習いごとや資格取得を考えるけど、いざという時に借りられたら助かるよ。」

「借りる、返す、のバランスが大事かもしれないね。」

　商売のお話をしているときに借金という言葉はよく登場します。借金は文字通り、お金を借りることですね。少し意味は異なりますが、似た言葉として、債務や負債という言葉を使うこともあります。債務は相手に対して支払う・返すといった約束を果たさなければならない義務です。後で支払わなければならない、または、返さなくてはならない義務を負っている状態であれば、債務を負っているという意味から負債となります。

　債務や負債は、ほぼ同じ意味で使われることもありますが、借金以外にも、後払いの取引や、ツケ払いなどを含んでいます。借金は債務や負債に含まれるので、「借金＜債務・負債」、のようなイメージです。借金の額は通常、結構大きいので、債務や負債はほぼ借金だけという状態のこともあり、「借金＝債務＝負債」とされる場合もあります。また、借りたお金を利息付きで返さないといけない場合、利息のある負債だから、有利子負債といいます。このように、借金について負債という言い回しをすることがありますので、なおさら混同して一緒の意味として使われることも多いのです。

○○億円の借金というと、とても大きな額に聞こえると思います。実際大きいお金なのですが、たとえば会社にお金が50億円あったとすると、借金が10億円ならすぐ返せてしまうほど、その会社にとってはさほど大きくはない金額となります。大事なのは○○億円という絶対的な金額ではなくて、この会社にとって、すぐ返せるお金か、毎月の稼ぎがあれば何か月の期間をかければ返せそうなお金か、などのように今と今後の会社の状況を踏まえて、返せる額かどうかを見極める方が大事です。

個人でも会社でも、何か事を始めようとするときにお金があった方が良い場面があります。たとえば、あなたが特殊な技能を身に付けるための学校に通おうとしているとします。あまり貯金がなかったので困っていましたが、金融機関からお金を借りることができたので、そのお金で学校に授業料を支払いながら通い続けます。卒業後、学んだことを活かせる職に就き、職場からも頼りにされ給料をたくさんもらうようになり、借りていたお金を無事に返し終わりました。このように、借金はより大きいことへ挑戦するため、より収入を得られることへのステップアップのため、より早く効率的に行動するため、といった様々な目的のために効果的に使われます。

これと同じようなことが会社の経営でも起こります。会社も将来のために、たくさんのお金を使って、さらに新しい価値を生み出そうとしています。今ある財産や将来の儲けの予測をあてにしてお金を貸してくれるところから借金し、いわば出世払いのような形で、利息付きで返すということが行われることもあります。借金は効果を考えながらうまく付き合っていくことが大事なようです。

たとえば、借りたお金で儲けようと思ったけど、全然儲からなくて新しいお金が会社に入ってこない、お金で買った物が換金できないようなものだったから、売ろうにも売れずに返す原資が不足する、などの結果として、借金を返すことができなくなってしまって、会社が倒産するという末路となる可能性があります。一方、計画や予想どおりにどんどん儲けられれば、お金が会社に入ってきて、借りたお金もすぐ返せるという結果を迎えることもあります。

ニュースを見ていると、時々〝V字回復〟という言葉を耳にすることがあります。V字回復というのは、会社の成績が良かった状態から落ち込んで、また急回復を見せるときの成績の推移の形が、最も成績が悪い谷底を起点にその前後の高い成績

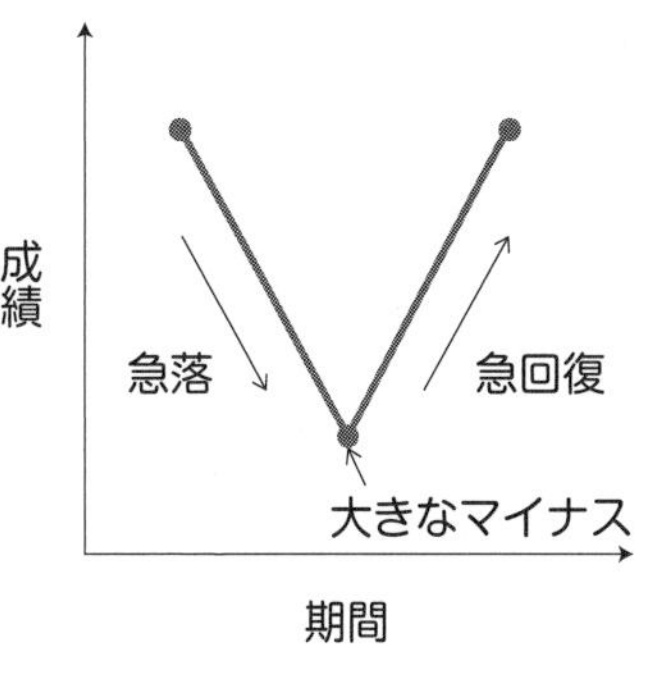

と合わせてVの字に見える軌跡を描くことから、そのように名付けられています。会社にとってお金はとても大事で、お金がないと新しいことができません。だから、経営が行き詰ったときこそ、挽回の機会をうかがうために、お金を入れてエンジンをかけ、行動して結果を出し、会社を上昇させていく必要があり、そういうときのために借金をしていく必要があるとも考えることができます。

ところが、お金を貸す方からすれば、将来返してくれるかどうかわからない相手を前にして、倒産ならおそらく返ってこない、事業がうまくいけば利息付きで返ってくる、どちらに転ぶかわからない賭けに出るようなものです。ですから、いろんな分析をして会社の底力を探ります。会社が所有する不動産など、価値の高い財産を担保にして、会社の返済が難しくなれば、お金の貸し手が換金した代金から貸したお金を回収できるようにするため、返すお金のあてを他に求める可能性もあります。借金は貸す側がいるので、借りたいという思いだけでは、取引に至らないこともあるものです。

会社の借金の額そのものの大きさよりも、それが返せる額かどうかの程度が大事、という点では、個人の住宅ローンの金額はいくらまで借りるのが妥当か、という点ともある意味で似ているのかもしれません。住宅ローンの金額が大きくても、先々の収入予測を考えると、あるいは貯金がこれくらいあるからすぐ返せるのならば、その人にとって住宅ローンは大したことのない金額、逆に住宅ローンの額が少なくても、収入や貯金からみて返せない確率の方が高いなら、その人にとっては住宅ローンの負担は大きすぎるという具合です。

借金を見るときは、金額そのものよりもその負担が重いかそれほど重くないか、そう考えれば、億という見たことのない数字が飛び込んできても、驚くほどのことでもない場合もあります。ただし、億はとても大きい数字であり、金額であることには変わりありません。

社債という借金もあるよ

会社が金融機関からではなく、お金を貸してくれる人たちを募る方法でお金を借りる、社債を発行するという方法もあるよ。会〝社〟が発行する〝債〟券の略で社債なんだ。債券は借用証書のようなイメージかな。借りた100万円を○年後に一括で返し、その間の利息も支払います、といった約束ごとをするんだ。普通は、個人もお金を貸す人になれるよ。

では、借りる側が会社じゃなくて国だったら？ そう、国が発行する債券の略、国債だね。

45 会社の〝不正会計〟が見つかった!!

「おはよう、河原さん。」

「あっ、橙子さん、大変なのよ。うちの会社、不正会計をしていたんですって。」

「えっ、うそでしょう!? そんな、これからどうなるのかしら。」

「ニュースになっちゃうかもしれないわね。」

「そうしたら、うちの会社つぶれちゃうんじゃない?」

「不安だわ…。」

「先生、うちの会社、どうすればいいのかしら。」

『そうですか…。どうやら会社の成績をごまかしていた、というわけですね。』

会社や団体の不正が発覚したというニュースを見る機会が増えました。意図的に結果を歪めること、隠すことなどが不正の代表例ですが、なかでも会社の不正には、粉飾や粉飾決算といって、決算情報に影響する数値をどこかの段階で改ざんする、事実がないのに架空の状況を作り上げる、逆にあるのになかったことにするなど、偽装したり、嘘で塗り固めるというような事が行われる場合があります。

決算情報というのは、一定期間が終わった際の会社の成績やその時の状態を集計したもので、数値化できる情報を中心に集めています。くわしくは㊵をみてください。

粉飾はうわべを飾り立てること、結局のところ、出したくない何かを抱えている場合に、バレないように隠すんですよね。

そんなことしなくてもいいじゃないか、と思うかもしれません。おっしゃるとおりです。物事はいつも良いとは限りません。嘘偽りなく正直でいればいいと私も思います。

企業不正、粉飾決算が発生する場合、自己保身、より良い成績に見せたい、他社との競争の中での焦り、良い結果を期待されるプレッシャー、会社の窮状を知られたくないという危機感、いずれ良くなるから今だけという魔がさすことなどといった心境の中で、はじめは小さかったが、徐々に度を超すまでに至ってしまった場合も多くみられます。もちろん、絶対に許されるべきことではありません。ですが、人間も会社も絶対大丈夫とは言い切れません。だからこそ、自ら律することは当然として、内外から見張る状態を作っておく必要があります。

〝コーポレートガバナンス〟という言葉があります。日本語でいうと、〝企業統治〟のことです。会社が健全に維持・成長しながら企業価値を高め、社会から評価される会社になるために、自分たちが中心となって会社自身をコントロールする仕組みを整えることです。なかでも、不正の防止や発見後の対応に努めることは会社の重要な使命の一つです。経営陣（役員）の暴走や勝手な振る舞いを許さず互いの行動を監視する、会社にとって不都合な情報も包み隠さず世間に向けて正しく発信する、不正の温床とみられるしきたりをことごとく廃止する、内外からの通報制度を設けるなど、考え得る様々な対策を講じることが望まれます。

〝監査〟という制度を採用する会社もあります。役員の一員である監査役という人たちや、会社の中で特定の職位の内部監査人という人たちが、それぞれ違う目線で会社の経営陣や、会社に勤めている人たち、会社全体を監視しています。さらに、影響の大きい決算情報については、会計監査人という外部の第三者が、公表される情報に大きな問題がないかをチェックしています。会計監査人は公認会計士のほか、大きい会社に対して組織的に会計監査を行うことができるように、公認会計士の集団によって組織化された監査法人が役割を担っています。

自ら律し、内外の監視をしてもなお、こうした問題がずっと起こり続けるのは、自らへの甘さ、内外の監視の機能が不十分だからということかもしれません。悪事を働くのはもってのほかですが、それ以上に見張り役がうるさいことが、今、求められています。

ある意味では、悪事を働けるような隙を見せていたり、相手になめられている状態を放置することが最も危険ともいえます。大変残念ですが、今後も不正を根絶することは不可能に近いと思っています。見られている怖さを相手に認識させること、見張る人たちが増えること、何事にも常に目を光らせておくこと、とても地道ですが、これらが、不正を減らしていく最善の道です。

46 会計で平均年齢20代の会社と50代の会社のどちらが良いか測ることが可能？

「えいおー、えいおー！」

「やったー！　優勝だあ！」

「やっぱり、学年対抗だと、僕たち6年生の方が下級生より体格がいいから、ハンディキャップつけていても有利なのかもね。」

『やあ、青央くんに、北野くん。2人とも、活躍していたね！』

「先生、こんにちは。観ていてくれたんですね、ありがとうございます。」

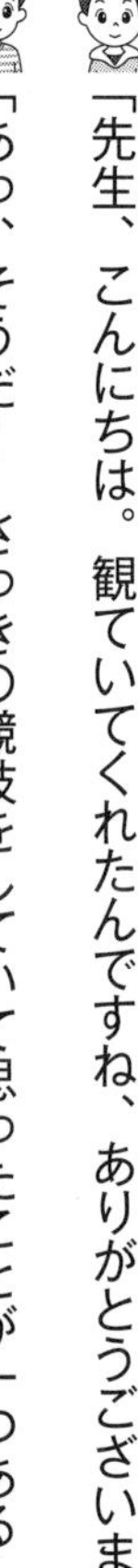
「あっ、そうだ！　さっきの競技をしていて思ったことが一つあるんだけど、聞

いてもいい？」

『運動会が終わったばかりなのに、早速質問とは。どうぞ。』

「会社の決算をまとめるための技術って、会計っていうんでしょ。じゃあ、僕たちの競技みたいに、６年生のパワーと、４年生のパワーとを比べて、６年生のパワーの方が強いとか、大人たちだったら、お姉ちゃんに近い20歳くらいの人の集団と、お父さんお母さんに近い50歳くらいの人の集団ではこっちの方が会社として良いよ、なんてわかるのかなあ。ね、教えて！」

『とても難しい質問だけど、着眼点が面白いね。私はこう考えています。』

会社の決算では、決算書を作るために必要な経営活動の成果を、数値に置き換えて集計できることが重要です。例えば、「1年間でこれだけの売上があった」、「これだけの儲けがあった」、などの〝これだけ〟について、これくらい、こんなもの、ではダメ

ですよね。1億円の儲けでした、売上は10億円でした、などの数値でないといけません。会社自身の過去と今、今とこれからの比較や、会社と別の会社との比較において、アバウトな情報同士では対比することができないからです。ですが、具体的な数値を使ってA社の売上が10億円で、B社の売上が20億円だと聞けば、誰が聞いても金額だけで比較でき、B社がA社の倍の売上だ、とわかります。

このように、数値化できて、客観的にわかる分析に使えるような情報のことを、〝定量情報〟と呼んでいます。対して、数値化できず、判断や推測によってつかむ情報を、〝定性情報〟と呼んでいます。

決算などで登場する定性情報の例として、経営者の考え方や今後の方針、社風などがあります。これらは、数値に置き換えることができないので、客観的な比較が苦手な領域ですが、経営者というトップがしっかりしていればやがて成長しそうだ、社風が暗ければ今後の経営は悪化しそう、今後の方針が他社よりも綿密に練られたものであれば、きっと同じ経済環境でも早く会社が大きくなるだろうなど、定量情報に繋がる重要な手がかりを得ることが可能です。

たとえば、A社とB社の2社があったとします。A社は会社に勤めている人の平均年齢が25歳です。B社は会社に勤めている人の平均年齢が50歳です。この25歳と50歳は定量情報なので、2社は倍の平均年齢だということは誰の目から見ても明らかです。

ところが、平均年齢25歳のA社の方が若い人たちばかりのはずだから、みんな活発に動ける結果、会社の成績が良い。一方、平均年齢50歳のB社は、新しい時代についていける人があまりいないので、会社の成績が悪い。このような情報があったとします。しかし、この情報の年齢と成績の関係には、根拠がないので、若者が多いA社の方が成績が良い、ベテランが多いB社の方が成績が悪いとは、この情報からだけでは判定できません。

平均年齢の違いで会社の成績の良し悪しや、会社自身の強さやパワーを数値で測ることができたら良いのですが、現状ではこうした点が、会計が苦手にしていることです。例えば、カリスマと呼ばれるスーパー経営者がいたとして、来年その人が急に経営を退くことになったら、という定性情報から、では、○○億円の売上が減ります、というような計測ができるようになったら画期的ですね。ＡＩの時代が到来しつつありますので、そのような時代も遠くはないのかもしれません。

最近は、会計の世界で、非財務情報といって、主な決算情報（財産や成績など）以外の情報源が重視されてきています。なかでも、数値では推し量ることのできない定性情報の重要性が増しています。定性情報はやがて定量情報にもつながりますし、経営に対する根本的な考え方、社会に対する貢献姿勢、倫理観といった観点も経営に求められてきています。会計や決算は定量情報中心の世界だと思われがちですが、今後はどんどん定性情報の重みが増していくことでしょう。

特に、最近注目されているのは気候変動に関するリスク情報です。気候変動の状況を無視することは、温暖化、環境破壊、エネルギー問題といった地球レベルの諸課題に直面しながら見て見ぬふりをすることに等しく、社会の公器と呼ばれる会社は、一企業の商売のためではなく、地球市民として、持続可能な世界のために、社会的使命としてこうした諸課題の解決のために率先して動いてほしいと期待されています。環境にやさしい素材を使った製品づくりや、代替エネルギーの積極活用、省エネ、脱炭素化、環境意識の高い経営を行うための従業員教育といった様々な項目に対する現状把握と達成目標に関する非財務情報を世間に公表する会社は増えています。気候変動に関する非財務情報の中には、数値目標を掲げる定量情報も含まれますが、環境に対する経営者の考え方や会社の経営方針などの定性情報も、ふんだんに織り込まれています。

こうした諸課題への意識が高い会社には、結果として、環境問題に関心の高い層からの支持が得られ良い人材の獲得に繋がる、消費者からの信頼が高く商品の購入に繋がり売上が増加する、環境問題への意識がコスト意識に繋がり利益が出やすい経営体制に変わるなどの効果が得られる可能性があるといわれています。

一見すると、成績に直結しないような、会社の社会に対する意識や活動姿勢が、これからの時代は大いに関係してくるといっても過言ではありません。会社が発信する定性情報を含めたすべての情報が、投資判断、就職活動、消費行動などに影響するほど重要な判断指標といえます。

ESG投資がこれからの主流

世界では気候問題が各地で議論される時代になっているよね。ESG投資*といって、環境・社会・企業の統治にしっかりとした考えで取り組む会社とそうでない会社への対応を分けよう、という風潮になってきたよ。積極的な会社にはお金を出す・貸す、消極的な会社からは、極端な話、お金を引き上げるとまで言われているんだよ。

＊環境（Environment）、社会（Social）、ガバナンス（Governance）の頭文字の略語

47 役員報酬が誤っていると何がよくないの？

「先生、この前、巨大な会社のトップの報酬がどうやら間違っていたっていう、そんなニュースありましたよね。もし、自分がその会社に勤めていたら、自分のことでなくても、大変だな、って考えると思うの。」

『会社自身に経営者のスキャンダルですね。影響の大きい人物や企業であればなおさら、世間の注目を集めますよね。』

「さっきのケースって、一体どういうことなのかしら。間違っていたというのなら、ごめんなさい、訂正します、では済まされないの？」

『藍さんの就活や社会人としての心得としても役立つ情報があるかもしれませんので、喜んで説明しましょう。』

企業経営の舵取りを担う少数の経営陣を〝役員〟といいます。役員が会社から受け取る報酬を、〝役員報酬〟といいます。勤めている人の給料のようなイメージで構いません。

役員は、経営陣で集まる会議に参加して、経営の重要判断を行います。この人たちは、経営の中枢にいるので、極端なことをいえば、何でもできてしまいます。だから、経営の暴走がないか、経営陣による不正がないか、法令や会社のルールを逸脱していないか、会社の利益に反する行為がないか、などの互いに行動を監視する役割も期待されています。

特に、役員報酬は、役員が受け取る対価そのもので、役員の給料という側面が強いものの、企業の成長を飛躍させるなどの成功の見返りとしての、成功報酬の意味合いを持つ場合もあります。企業の役員、特にトップの経営者やＣＥＯ（最高経営責任者）は、経営の重い結果責任を負う分、成果に応じた報酬を受け取る権利があり、業績が良い時には高額報酬となってもある程度許容されます。しかし、何でもしてよいわけではなくて、自分に少しでも有利な報酬の受け取り方を画策して、他者を欺くような行為を認めてはいけません。

上場企業の場合、有価証券報告書（くわしくは㊶参照）を公表します。有価証券報告書のなかで、上場企業の役員報酬は、役員全員の報酬総額のほか、日本では１億円以上の報酬額を受け取る役員ごとに開示することが求められています。役員報酬は会社からみれば役員に対して給料という名のコストを払うのと同じで、払う分だけ会社の儲けは減りますので、この金額が歪められるのは儲けの額が歪められることと同じです。

たとえ話ですが、ここに企業の成長、成功に多大な貢献を果たしたと、自他ともに認める上場企業の経営者がいたとします。企業の成功は自分のおかげだから、役員報酬をこれまで以上に受け取りたいと思うのは自然です。しかし、周りの役員に相談すると、日本の上場企業の経営者の報酬水準はこれくらいだから、あまりにかけ離れた金額にすると目立ってしまうので、同業他社と水準を合わせませんか、と言われたとします。また、株主総会では、株主から、儲けを役員報酬として支払うくらいなら、株主への配当を増やせ、もっと利益を増やして株価を上げてくれ、といったことを言われかねません。

そこで、これまでの貢献度を加味した報酬額はこれくらいだろうと試算しておいた役員報酬のうち、今受け取る分は、他社と比べて、あるいは、株主から追求されない程度の額に抑えておいて、今受け取らないことにした残りの報酬は、毎年計算上の金額を取り置きして、自分が経営者を辞めた後にまとめてもらうことにしよう、と考えるとします。一見すると、今受け取る額と、公表している額に違いはないので、問題がないように見えます。ところが、後にまとめてもらう額を今すでに決定しているのであれば、会社からいずれ出ることは決まっているわけです。株主からすれば、社外に流出する時期が後ろにずれただけで、今上乗せで受け取ることと何ら変わりません。それどころか、経営者が辞めた瞬間に多額のお金が会社から出ることを、今知らされていないことの方が問題だと考えられても、おかしくありません。

そこで、今の時点ですでに、将来いくら渡すかはっきりと決まっているのならば、その事実も加味することや、将来受け取る権利が発生しそうな報酬の仕組みや計算などに関しても説明義務があると考え、これらを有価証券報告書で報告させています。

有価証券報告書は会社の経営の成果や成績を公表するために、上場会社には法律で提出が求められる大変重要な書類の一つです。誤りや嘘は社会全体に影響を及ぼします。だから、役員報酬の場合も嘘偽りはだめで、もし嘘偽りがあれば、有価証券報告書の虚偽記載といって、本人、加担した人や協力者、見過ごした経営陣や会社の落ち度までも含めて、厳しく追及されることになるのです。

48 お家騒動では何を揉めているの？

「いいえ、違います。」

「そんなことはない。」

「何を揉めているの？まるで、お家騒動みたいじゃない。」

「お父さんの方針が間違っているのに、非を認めないの。」

「ちょっと、まって。お母さんの方針が…。まあ、いいや。」

「家族でも方針のぶつかり合いがあるくらいだから、きっと企業でもお家騒動ってあるのよね。」

お家騒動と聞くと、たとえば歴史上で起きた大名一家の内紛のようなイメージがありますが、最近のお家騒動は会社の経営陣、特に親族や会社を興した一家である創業家が原因となる会社の内紛や揉め事があった時の例えで使われていますね。

会社のお家騒動でどのようなことを揉めているのかというと、たとえば次のようなことです。

創業者の経営手腕によって長年順調に会社の成績を伸ばしてきたA社。業界では画期的なビジネスの仕組みを考案して、顧客満足度が高く、品質にも自信をもっていて、常に業界のトップランナーとして市場をリードしてきました。ところが、物価が下落していくデフレの時代に入ると、高品質ながら低価格を売りにする同業他社が出現し、海外からの進出もある中で、相対的に自社の魅力が薄れ、また、成功要因だったビジネスの仕組みが現代の若者の感覚と合わないことなども相まって、徐々に消費者が離れていき、成績が落ち込んでいきました。

そのような中、最新の経営手法を学び、若者や現代の消費者の感覚にマッチする考え方を持ち、将来の経営者候補との呼び声も高かった親族の若手役員の登場により、次世代にも通用する経営を期待する若手幹部や、一部の株主から経営者交代を推す声が次第に大きくなっていきます。

現経営者と経営者候補との経営方針は、当初は同じ方向性にあったはずのものが、時間が経つにつれ互いの主張が相違しぶつかり合う展開となり、だんだんと溝が生まれていきます。

成績不振なのは一時的なものであって、旧来のビジネスの枠組みの中で挽回を図ろうとする現経営者を中心とした一派と、旧来のビジネスの枠組みを取り払い、新しい時代にマッチした経営感覚を取り入れることで経営自体を生まれ変わらせる意欲を持つ若手役員を中心とする一派に、会社は完全に真っ二つの状態に分かれます。ついには、引き続き現経営陣を選択するか、若手役員を中心とする新しい経営体制を選択するかの判断について、会社の最高意思決定機関である株主総会の決議にゆだねられることになり…、最終的に新経営陣による経営刷新が選択されることになります。

敗れた現経営者を中心とする一部のメンバーは、別会社を立ち上げることになりました。多くの従業員は限られた時間の中で、どちらの経営者についていくか苦しい選択を迫られました。消費者からは、お家騒動があった会社との印象を拭い去ることができずにいます。経営革新の効果がすぐには現れない中で、足元の経営環境の変化は著しく、戦略や方向の転換の要請、経営の在り方の見直しへの言及など、お家騒動の後も様々な課題と闘います。

会社のお家騒動では、大概の場合、経営方針を巡る争いや、経営の実権や主導権を誰が握るか、株式という価値のある財産権を誰にわたすか、といった経営そのものやお金に関する対立が大きくなる、溝が深くなることで騒動に発展するケースが多いと思われます。親族内でのお家騒動の場合は、親族内に長年蓄積された様々な感情が引き金となるケースもあります。ブランド力のある製品づくりをしているメーカー内でこうした対立が起これば、親族が別の会社を立ち上げて双方がライバル関係になる、といったことも決して珍しくありません。

権力の座を巡る争い、資金や財産を巡る争いは、歴史上、国家や地域レベルでも繰り返されてきたことです。はたから見ると、互いに仲良くしながら同じ方向を見る方が、みんながより望む結果になりそうなこと、お家騒動によって支払う代償はあまりにも大きすぎることを感じますが、渦中の当事者だって、きっと私たちにはわからないような大変な思い、苦しい思いを抱えているに違いません。

49 タックスヘイブンは何が問題だったの？

「租税回避地に、タックスヘイブン…。何を言っているんだ…？」

「あなたも新聞読んでるのね？　ここ数年、大きいニュースになってるわよね。」

「あとさ、パナマ文書っていうのもだいぶ前に話題になったよね。」

「言葉は聞いたことあっても、さっぱりわかんないし、ニュースに出るっていうことは、何か問題があるってことよね。何が問題だったのかしら？」

「こういうときこそ、先生に頼るしかないな。」

かつてのニュースで大々的に報じられたパナマ文書をきっかけに、世間にも話題が広がったタックスヘイブンとは、どのようなものなのでしょうか。また、何が問題なのかを考えることにしましょう。

パナマ文書とは、中米にあるパナマという国の法律事務所、モサック・フォンセカから流出した「ある取引」の顧客情報を含む、内部機密文書のことです。流出した出所の地名をとって、〝パナマ文書〟と呼ばれています。パナマは北米と南米をつなぐ陸続きの中にある国土の小さい国で、太平洋とカリブ海を結ぶパナマ運河で知られていますね。

文書から得た情報の調査結果にもとづき、ＩＣＩＪという国際調査報道ジャーナリスト連合から情報の一部が公表されたことをきっかけに、世界中で大きな話題になりました。「ある取引」とは、租税回避といわれる行為です。文書内容から、各国の政治家、企業経営者、著名人、なかには国家元首までもが、税金を逃れるための対策を行っていたことが明らかになりました。

税金を逃れる、というと、法律に違反して税金を免れる脱税の印象を受けます。しかし、租税回避といわれる行為というのは、脱税とは異なり、世界のルール上、合法とされている手段を器用に利用して税金を逃れるものです。いうなれば、グレーな節税といったところでしょうか。

日本では個人には所得税、会社には法人税を支払う義務があります。人や会社の所得に応じて税率が異なりますが、それなりの税金の支払いが生じるはずです。ところが、世界を見渡すと、所得税や法人税に相当する税金の税率がほぼゼロか、全くない地域が存在します。所得×税率＝税額なので、税率がゼロかほぼゼロなら、税額もいわばゼロです。世界には、いくら稼いでも税金の支払いが要らない地域があるということです。

このような地域のことを、租税を回避できる地域という意味で〝租税回避地〟といい、tax havenと書いて〝タックスヘイブン〟といいます。taxは税金で、havenは避難所、安息できる場所、安全な場所という意味です。きっと、税金を支払う人にとっての安住の地なのでしょう。havenの綴りがheaven（天国）と似ているために、tax heaven（税金天国）と誤解をされることがありますが、それは間違いです。

タックスヘイブンは、国側からみると、税制優遇を行うことで、税率の低さを魅力にやってくる会社やお金持ちの人を誘致する狙いがあります。パナマを含めた複数の国々が税制優遇策を提げていますが、産業や資源の乏しい小国や発展途上国からすれば、世界中から、たくさん稼いでいる会社や資産家を誘致して、少しでも国を発展させたいのです。

租税回避する方法は、会社や資産家が現地の法律事務所などの支援を受けながら、ペーパーカンパニーを作ります。これは、会社として存在はするけれど活動実態のない会社です。ダミー会社、登録上の会社、登記上の会社などとも呼ばれます。

会社の場合、本国で儲けを得れば得るほど法人税をたくさん支払うことになりますので、儲けを減らして、支払う税金を少なくしようと考えます。そこで、極端なたとえですが、本国からタックスヘイブンにある会社に対して経費の名目で多額の支払いなどを行うと、本国の会社は儲けは減って支払う税金が少なくなります。一方で、タックスヘイブン側の会社は本国の会社が支払った金額がそのまま収入となり、儲けが増えたとしても、そもそも税率がゼロかほぼゼロなので、税額も微々たるものという状況を、合法的に作り出すことができます。個人の場合も、所得を基礎として支払う種類の税金を節税したい場合は、所得自体を本国からタックスヘイブンに移転させる、財産を基礎として支払う税金を節税したいならば、財産を本国からタックスヘイブンに移転させます。もちろん、実務上は簡単に移せないような法律になっているものの、合法的なルールを器用に使いながら、会社や個人の税金が最も少なくなるような方法を選択していくことはルール上は可能です。これが、租税回避の全貌です。

租税回避行為をしない会社や個人からすれば、自分たちは、本国で得た儲けによる税金を真面目に支払い、本国の社会の維持や発展に貢献している、と言うはずです。さらに、租税回避を行っている会社や個人に対しては、自分たちの利益を得ることばかり考えて、本国での税を不当に免れるために、ルールの悪用や濫用を行うのは間違っていると指摘するでしょう。

税金の基礎となる所得や財産を移転されてしまった本国も、本来、入ってくるはずの税金が意図的に減らされたとの思いから、租税回避を行う会社や個人を非難します。さらには、税率に差さえ生まれなければ問題は生じないからといって税率の低いタックスヘイブン自体を否定することもあります。合法的なルールを使っているだけということもあって、はっきりと悪いとは言えないものの、不平や不満を持つ会社や個人が多いのもうなずけます。

ただし、話しはそう単純なものではありません。会社からすると、もし税金が高いままならば、税金の支払い分を賄うために値上げをするでしょうし、従業員の給料を減らして税金の負担分をねん出するかもしれません。資産家などの個人の場合は、一切の財産や暮らしを本国から引き上げられると、本国にとって貴重な人材がいなくなる要因になりえます。タックスヘイブン側は、産業や資源の乏しい国や地域にとって、税優遇という手段なしには維持できない国家運営上の厳しい実情がある中、必要な政策であると主張するでしょう。

残念ながら、今のところ、歴史、文化、価値観が違う世界において、地域特性も踏まえた法律、税制、通貨などの様々なルールを全世界統一にすることは難しいでしょう。だから、まずは、こうして浮き彫りとなった問題点を手掛かりに全世界で共有することが大事で、どこに世界が向かっていけばよいのか、税制や法制度のあり方はどうすればよいか、タックスヘイブンの是非を含めて議論を重ねるほかありません。

ただし、国家元首をはじめ、企業や人に税金の支払いを課す側が、一方では、納税意識を高く持て、正しい税金の知識を身に付けろ、納税は国民の義務だ、などと言っておきながら、もう一方では、自ら率先してタックスヘイブンを利用した節税に走るのは為政者としてふさわしくないと私は思っています。

50 ＩＴ企業へ〝デジタル課税〟をするって聞いたんだけど…

「このＣＭの曲いいなあ。ＣＤ買おうかな。」

「スマホでダウンロードすればいいじゃない。」

「よし、やってみるか。――こんなに簡単に買えるんだな。」

「データだとどこにいてもすぐに買えるし、在庫切れとかがないから便利だよね。」

「外国でも日本の曲が買えるってことか？　すごい時代になったなあ。」

「世界中で買えるってことは、世界中で売上があるってことだよね。税金も世界中で納めているのかな？」

税金を課すことを課税といいますが、どのような対象に課税するかについては、時代や、国や地域によって変わっていきます。とくに、新しいサービスがどんどん生まれる中で、個人や会社の活動と密接な関連がある税金については、時代の変化に応じて、あり方や新しい課税の仕組みが議論されてもおかしくありません。その代表的なものが、デジタル課税というものです。

最近、このデジタル課税が世界中で話題になっています。これまで会社の多くは、製品を作るための工場、製品を運び保管するための拠点や倉庫、販売するための店舗など、地域に拠点を構えて、その地域で得た儲けから税金を支払ってきました。会社が支払う法人税は、本社や主な事務所がある所在地を通じて税金を支払います。製造業や大規模な設備を擁しながら、物理的な移動を伴う輸送などを必要とする時代ならば、これで良かったと思います。

しかし、今やデータの売買が中心で、工場や倉庫などの大規模設備は不要となり、本社や拠点がない遠隔地で儲けを得ることが可能な時代となりました。このこと自体は決して悪いことではなく、それだけ技術進歩や革新的なサービスが生まれ続けて便利な世の中になっているわけですから、世界が歓迎すべき点も多いと思います。

ところが、税金の世界では問題となる場合があります。法人税のように、本社や拠点のある地域での税金支払いが必要な種類の税金がある際に、ある地域の税率が高い一方、タックスヘイブン（くわしくは49参照）のように、ある地域の税率が低い場合です。

拠点がなくてもビジネスができるようなＧＡＦＡのようなＩＴ企業は、法人税がさほどかからない地域を主な拠点として活動しながら、結果として、税金の支払い負担が軽くなるような経営を行っているといわれています。だとすると、世界中でサービス展開をしながら、展開する地域には主な拠点がないので税金の支払いは少なく、儲けは世界中から得られるといった、税金の支払いは少なく、儲けは多くといった点では、とても戦略的、効率的な経営が行われています。

合法だとしても、多くの税金を支払っている会社や、ビジネスが活発に行われている割に税金があまり入ってこない国や地域からすれば、どうも不公平な感じがすることや、従来の枠組みではとらえられない新しいビジネスへの課税手段はないものかという

G	Google
A	Apple
F	Facebook
A	Amazon

問題提起がされても不思議ではありません。これがデジタル課税の議論が出てきた一つの理由です。

そこで、デジタル課税では、このようなＩＴ企業を課税のターゲットにすることを念頭において、国や地域を超えた世界レベルでの協議もふまえながら、拠点の有無にかかわらず、たとえば売上高の何％を支払う、利用者数に応じた税金を支払う、というような新たな課税手段を講じることで、サービスを提供する各地域での税金の支払いが生じるような仕組みを作りはじめています。

会社が自社のビジネスを通じて利益を独占したい、世界をリードしたいという気持ちがあることが悪いとは思いません。しかし、一方で、これだけ世界との距離が近くなった今、世界の大企業には、世界の模範となるような価値観や考え方を持ち、責任や使命を果たすことも必要な時代になってきているのかもしれません。人よりもたくさん稼ぐ力のある会社は、その能力を発揮して得た儲けを世界中に還元することによって、世界の発展に貢献する社会的使命を持っています。このようなキレイごとだけでは、ビジネスは成り立たないのかもしれませんが、今や地球単位でものごとを考える時代、未来を担う子供たちや、これから生まれてくる世代まで続く世界の繁栄を約束できるような、企業活動のあり方が問われています。

あとがき

この本を手に取り、読んでくださった皆様、ありがとうございました。

虹橋家が出会う税金や会計のギモンの数々は、日常生活や人生の中でわたしたちが知らず知らずのうちに遭遇しているかもしれない出来事ばかりです。税金や会計と聞くと、勉強するぞ、学ぶぞ、と構えてしまうかもしれませんが、私はそのような構えは一切必要ないと考えています。それよりも、いつもの帰り道の中で、モノの見方を変えてみようかな、あれ？これもあれも税金や会計と関係しているよね！という発見があって、そこから皆様オリジナルのギモン集、回答集が出来上がる方が、生きた教材ならではの素晴らしい価値が生まれるのではないかと思います。

情報が簡単に入る時代、すぐに答え探しができてしまいそうな時代に入りました。私はそれでも、人が自分のこれまでに得た知識や経験を総動員して、考え抜かれた末にたどり着いたその人らしい意見や回答を、とても素敵に感じます。この本の話題は50で終わりますが、話題は尽きません。51番目の話題づくりは？皆様にたっくす（託す、Ｔａｘ）ことでいかがですか⁉

この本は、税務研究会出版局の皆様との雑談の中から偶然生まれた企画だったと記憶しています（勘違いでしたらスミマセン）。形になるまでには、書いては消す原稿に悪戦苦闘する日も、完成が近づく中で追い込む日々も、オフィスビル内のコンビニエンスストアで買い物して一息つくときも、たくさんの方々の支えを頂きました。ありがとうございました。

そして、最初から最後まで、一緒に歩んでくださった税務研究会出版局の皆様、ありがとうございました。企画が実現したのは、大きな心で受け止めつつ、時に貴重な助言で、スムーズに事が運ぶようにご尽力いただいた局長の加島太郎さんのおかげです。前著に続き担当を引き受けてくださった下山瞳さんが、もしいなかったら…この本が出来ているはずありません、すべてに感謝、です。

同じ時代に生きる皆様と、この本を介して出会えたことを心から感謝します。

２０２０年３月

荻窪　輝明

〈著者紹介〉

荻窪　輝明（おぎくぼ　てるあき）

公認会計士・税理士・CFP® 認定者・日本証券アナリスト協会認定アナリスト（CMA）

荻窪公認会計士事務所代表、太陽グラントソントン税理士法人ディレクター

企業の決算、税金、ガバナンス、家計、教育・老後資金といった個人・企業・国のお金に関わる専門家。

びわ湖放送のTV番組「滋賀経済NOW」にレギュラー出演中。

主な著書に「経営陣に伝えるための『税効果会計』と『財務諸表の視点』」（税務研究会出版局、2019年）、「Q&A 企業再編のための 合併・分割・株式交換等の実務 その法律・会計・税務のすべて」（共著、清文社、2019年）、「事例でみる　スタンダード債権回収手続－専門家の視点と実務対応－」（共著、新日本法規出版、2019年）、その他多数。

セミナー講師としても活躍中。「はじめて学ぶ　事業報告・計算書類作成実務のポイント」など。

荻窪公認会計士事務所ウェブサイト

https://office-ogikubo.jp

本書の内容に関するご質問は、ファクシミリ等、文書で編集部宛にお願いいたします。（fax　03-6777-3483）

なお、個別のご相談は受け付けておりません。

本書刊行後に追加・修正事項がある場合は、随時、当社のホームページ（https://www.zeiken.co.jp）にてお知らせいたします。

youのたっくす、meになるカイケイ？
～あなたの税金、身になる会計！～

令和２年６月８日　初版第１刷印刷　（著者承認検印省略）
令和２年６月15日　初版第１刷発行

© 著　者　荻(おぎ)　窪(くぼ)　輝(てる)　明(あき)

発行所　税務研究会出版局
代表者　山根　毅

郵便番号100-0005
東京都千代田区丸の内１－８－２鉄鋼ビルディング
振替 00160-3-76223
電話〔書籍編集〕 03(6777)3463
〔書店専用〕 03(6777)3466
〔書籍注文〕〈お客さまサービスセンター〉 03(6777)3450

● 各事業所　電話番号一覧 ●

北海道	011(221)8348	神奈川	045(263)2822	中　国	082(243)3720
東　北	022(222)3858	中　部	052(261)0381	九　州	092(721)0644
関　信	048(647)5544	関　西	06(6943)2251		

https://www.zeiken.co.jp

乱丁・落丁の場合は，お取替えします。　印刷・製本　藤原印刷㈱
ISBN978−4−7931−2544−7